平和な未来を願うメッセージ

～No War Know War～

黒岩晴子 編

日本機関紙出版センター

はじめに

本書は、広島・長崎の被爆者、元日本軍兵士や戦争体験者の証言、また沖縄の基地問題や福島の原発事故被害など、過去から現在まで平和や安全に関わって証言した人々の記録を収録しています。筆者が病院勤務時代からこれまで関わらせていただいた方、佛教大学のゼミや原爆展に協力してくださった大勢の人たちの協力によるものです。社会福祉だけでなく、人間の生活、仕事、学問など人間の営みは平和なくしては成り立ちません。平和の維持が社会を成立させる大前提です。激甚な被害の実相を伝え続けることによって、核兵器の廃絶や戦争のない世界の実現に向けた動きを作り出すことができます。

平和は人びとのくらしや人権が守られ平穏な日常生活を営むことであり、社会福祉から離れている特殊なことではありません。筆者の勤務している佛教大学の社会福祉学部では、学生たちにさまざまな被害を受けた当事者の声を聞く機会を作っています。原爆展は被爆60年の２００５年から開催しています。本書のサブタイトル『No War Know War』は、第1回原爆展の実行委員会の話し合いの中で生まれた言葉です。発案者は長崎出身の学生でした。京都に住みはじめて、原爆や被爆者のことがほとんど知られていないことに驚いていました。この言葉には非核平和活動の出発点である原爆展の意義が鮮明に示されています。

原爆展では、被害だけでなく加害の面からも平和を考えようとその時々の社会問題を取り上げて講演会も企画してきました。イラク戦争の帰還兵の講演、沖縄の普天間基地移設問題の講演会、原爆症認定訴訟の原告や家族、支援の弁護士の講演などです。原爆展は、学生たちが原爆投下の事実を知り、被爆者の実態を認識する場となります。原爆展に参加したことで、理不尽な原爆投下の事実、高齢期になっても病気やケガの後遺症に苦しんでいる被爆者がいること、いまだに被爆者手帳を持っていない人が存在していることなど救済が不十分である被爆者の実情を知る機会となりました。戦争体験者は、親や兄弟姉妹を亡くした戦争の恐ろしさや苦しかった戦後のくらしを語ってくれました。戦争は人々のくらしを困窮させることと、再び起こすべきではないということを一生懸命学生達に話してくれました。被爆者や戦争体験者が訴えたことは、「二度と被爆者を作ってはいけない」「戦争をしてはいけない」という思いです。この思いは平和を願う学生たちを勇気づけてくれます。また、若い人たちが被爆者問題や平和問題に関心をもっていることが被爆者や戦争体験のある高齢者を励ましています。平和の実現に向け、本書が貢献できれば幸いです。

＊表紙の原爆ドームの絵は、原爆小頭症患者である川下ヒロエさんの作品の一部です。ドームの下には小さな黄色い「母子草」の花が描かれ、次の詩が添えられています。

げんばくドームに
やっと光がとどく
小さな花も
命のかぎりさいている
母こぐさの花もさいている
この小さな花たちの
命をけさないでね

《もくじ　平和な未来を願うメッセージ》

第1章
二度と戦争をしてはいけない
【戦争体験者の証言】

毒ガス工員の戦後

村上初一（２００３年証言）

化学兵器の製造に従事

私は、今年で78歳になりました。今、こういうふうにみなさんの前で話をしておるんですが、もう昔のことですので非常に記憶に乏しいところがあります。みなさんが聞く中で非常に聞き苦しいようなことになろうかと思いますが、その点よろしくお願いしたいと思います。

78歳まで生きまして、皆さんにいちばんお話ししたいのは、１９４０年から１９４５年の間、日本は中国・米英との戦争に入っておりました。ちょうどそのころの５年間、大久野島でなんと化学兵器の製造に従事しておったということです。そのころは非常にたいへんなことであるということはわかっておりましたが、なんら悪びれることもなしにずうっと大久野島で働いてまいりました。そのことが、やっと近ごろになって、ああいうことは絶対に繰り返すようなことがあってはならないということを痛切に感じるようになりました。

ということは、もう私の生涯で国と国が争うことは、あるいは、国と国、といいましても、日本国と相手国とで戦争というものを繰り返すことはないだろうと、こういうふうに感じておりましたが、みなさご承知のように、最近イラク戦争が起こりまして、これは明らかに戦争だと思います。今、日本は最大の危機に立たされたような状態になっておるんではないかと。このことは、昨日の国会の状況から見てもわかるような気がいたします。そういう中で、私はよくわかりませんが、仏教戦争というようなことを聞きます。私も日本人であって、仏教のことは知らないんですけれども、だいたい自分がなにを信じていくのかということの中におそらく仏教というものがあるんではないかと、こういうことを感じております。

その中で考えてみると、仏教、これは信じる人によっていろんなことがあるんだろうと思います。私はその中でみなさんとともに生きていけるのも、もうわずかの年齢になりましたけれども、絶対に戦争を繰り返してはならんのだということのために、私が歩んできた生涯の中で恐ろしかったこと、あるいはすごくいやで、厳しさがあって、そういう時代を生きてきた中で化学兵器をつくるために大久野島で働いたということを、今さら後悔といいますか、ああいうことをやってはならなかったのにというようなことを、当時は国のためだから、国にやらされるんだからということで、どうしてもそれに従わなければならないことになりまして、従ってきたんですが、そのことをみなさんに話してみたいと思います。どういうお考えを持っていただけるかわかりませんけれども、私が話す信条は、とにかく戦争はしてはならないというようなことをモットーに考えて話していこうと思います。

６６００トンの毒ガス製造

私がこの大久野島にかかわったのは年齢が満14歳、１９４０年でありました。小学校を卒業して、すぐ就職でこの大久野島へ来ました。来ましたといいましても、この島で働くために自宅通勤でこの島へ来たわけで、決して化学兵器をつくるのにこの島に閉じ込められてつくったわけではないんです。ふつうの事業所と同じように自宅から通勤して働いていました。よく地図にない島とか、地図から消された島とか、大久野島のことを述べている中で、ややもすれば大久野島に閉じ込められて化学兵器をつくったのだというようなことがうかがえるような文章もあります。そんなことは決してないんです。今日、みなさんはさっき、船で渡ってわかると思いますが、あの港から大久野島まで、当時でも15分で船が通っていました。これはこの大久野島で働くための従業員を運ぶ船でありました。陸軍がチャーターして備えていた船でありますが、そういう距離の中で毒ガスづくりをやっておったということです。

大久野島のことを先にかいつまんで話しておきますが、この島で毒ガスをつくり出したのは１９２９年、昭和４年と記憶しております。１９２９年から１９４５年までの16年間、この大久野島で化学兵器がつくられた。そして、その16年間でこの大久野島で１日でも働いたことのある人、そういう人たちが今わかっておるので約６７００人から６９００人、７０００人近い人が働いていた。そして、いろんな記録によると、その16年間でつくられた毒ガスの量は約６６００トンあまり、つくられたということです。その最終回の１９４５年は日本が敗戦した、そして武装解除されました。

そういう大久野島の中に、私は昭和15年、１９４０年に採用試験を受けてこの島で働くようになりました。そのころの14歳といいますと今の中学校２年生の年ですが、私は中学校に進学できませんでしたので、この島に就職することになりまして、この島に来るのを非常に誇りに思って入所しました。ということは、その当時の14歳の私は、これは私のみならず、私と同年齢あるいは前後した少年たちは、おそらくだれもがまずは自分の将来をかけて懸命に努力できるのは軍関係の仕事だ、こういうふうに考えておりました。ですから、民間企業に就職するよりは軍が関係した工場に就職するほうが条件もいいし、また確実性も高いし、将来性もあるんじゃないかというようなことから、どちらかといえば自分から大久野島で働くことを希望する考え方もあったのです。そういったところに就職するために、その当時の小学校の担任の先生から大久野島に就職することをすすめられたわけです。

大久野島を選んだ以上、採用試験を受けて、その結果で採用が決まります。それを受けるときには、将来に向けて希望を持って懸命に自分なりに努力したと覚えておりますが、この島に就職できた、これが1940年の4月1日でした。合格者は4月1日入所式に参加するためにこの島に渡って来ました。この島に着いたときが、この大久野島の全容を知るといいますか、大久野島というところを初めて知るわけです。周囲4・3キロということも聞きましたし、そしてここで製造しているのは化学兵器ということだけは聞きました。しかし、当時は化学兵器がどういう作用を起こして戦争で使う武器になるのかまったく知りませんでした。ところが、当時この島で働いている人は地元の人たちです。私は、みなさんといっしょに船に乗った忠海（ただのうみ）という所ですが、そこで生まれてそこで育っておるんです。その当時、忠海の人口は約8000人おりましてそのころ大久野島の従業員はすでに1000人ということをいってましたね。1000人の従業員の中で約半数がこの忠海を中心に近隣の市町村から就職しておりました。地元からも合わせて約500人ぐらいは働いておったと思うんです。けれども、大久野島でどういうことがなされてどういうものをつくっておるのか、従業員たちの生活はどうかということはいっさい知るよしもなかった。また、話もしてくれませんでした。それでも、自分が将来をかけて働くところだけに、大久野島で、すでにその当時働いておった地元の人にそれとなく聞くことをしましたが、そこで働いておるにもかかわらず大久野島のことを口にする人はおりませんでした。ただ、大久野島では化学兵器というものをつくっている。それは戦争で使われる武器なんだということぐらいしか聞くことができませんでした。

地図から消された島

しかしながら、地元で接触する人たちはたいてい病気を気にしているというか、とにかくなんらかの異常があるような、なんか病弱なような人たちを常に見かけることがありました。大久野島というところで化学兵器をつくっているというが、化学兵器は体のためにはよくないものではないかと、戦争で使う武器にするということになれば、相手を殺すものではないかということぐらいは自分としては想像はしておりました。しかし、すでにその当時ここで働いておる人たちはそういうことはいっさいいってくれませんでした。ということは、みなさんも聞いたことがあると思いますが、ここの売店でも売っておりますが、『地図から消された島』（武田英子、ドメス出版、1987年）という小説があります。この小説を読んでもわかるんですが、大久野島というところは瀬戸内海のちょうど真ん中ぐらいにあたりますが、その瀬戸内海の地図から消された島であるということです。ということは、ここでやっておることは絶対の秘密でやっておることで、それだけに化学兵器の内容が一般の市民たちにはまったく知らされなかったということがはっきりしました。その化学兵器ということ、あるいは大久野島でのいろんなことを他で話すと、そく、憲兵隊に引っぱられるおそれがあったということです。憲兵隊というのは軍の警察権で、一般の市民は警察権でしばられておりますが、ここで働いている人は軍の工員であるから、軍の警察権で常に監視されていたのです。

そういう大久野島の中に、私たちは将来の夢として、希望を持ってここですすんで採用試験を受けて、そして就職することにしたんです。そのときには決して悪びれる気持ちはありませんでした。何をつくっておるのかということがはっきりわからないまま就職したんですが、私がここに入ってきたのは、ふつうの工員ではなくて、大久野島で化学兵器の製造技術を身につけるために少年時代から彼らに協力するんだという方針のもとでこの大久野島の陸軍の工場をすすめられたということがわかりました。

私は1940年の4月1日にここに入所したものの、一般工員と一緒にすぐ、仕事はしておりません。その当時、この大久野島には陸軍技能者養成所といいまして、化学兵器をつくる養成所がありました。その養成所に入所するんです。そこで、技術を身につけるためにいろんな訓練や化学の工場、化学兵器の製造工場がありましたが、その実技と、それから教室による教科の教育と、合わせて３年間ここで教育するわけであります。そういうシステムで入ってきましたから、私たちの身分はそく陸軍軍属、今でいいますと公務員です。公務員の身分で働けるようになるんですが、これはその当時は陸軍軍属。そして、職名は養成工員ですね。その養成工員は島で３年間教育を受ける。そういうことによって化学兵器とはいったいなんであるかということがわかるんだというようなことでありました。

将来の夢はとにかく職業軍人になるんだと、軍人になりたいんだ。陸軍少年飛行兵とか、あるいは陸軍、海軍の兵士とか、こういう方面に直接入る道もありました。けれども、私たちはそういうことより、まず技術を身につけて、そしてここで化学技術の習得をして、将来は大勢の工員を養成する、工員を指導する役割を持って働く、そして軍の指導者になることを目的にしておりました。

したがって、この大久野島の養成所では陸軍関係の人ばかりが教官でおりました。３年間で、毎年の教科としてはまず普通教育教科、あるいは工業科、あるいは訓練科、実習科、これらを合わせて年間２３００時間の教育ということになっていました。そのことで化学兵器を知っていくんだと。そのころ、ここでは工員の間では、毒ガスをつくっておるんだというようなことがいわれております。

化学兵器製造工場特有の臭い

そういうようなことで、私はここの養成所に入所しましたが、やはり陸軍の養成工で将来を目指して教育するだけに、入所式には誓約書を書かせられました。この誓約書というものは、ここの工員として働く者、あるいは養成工員として指導を受ける者はいっさい軍の所属になるからということで、まず誓約をすることが第一義にされたということです。誓約書を出されて、その誓約書に署名・捺印することから始まるんですが、この誓約書の中には陸軍の工場で働く人の心得とか、あるいは工場規則とか、こういうものがいろいろありまして、最後に「この島では、君たちは今日から20年間はやめてはならない」、今日からというのは1940年4月1日ですね。自分勝手な理由で退職するようなことがあってはならない。これは絶対に守ります。そして、この島でのできごとはいっさい口外することはしないということが、兄弟であろうが教師であろうが両親であろうが、いっさい話してはならないというようなことで、秘匿を約束させられるようなことが誓約の中で謳われています。その誓約がすんで、入所式が終わったら入るのです。

私たちは陸軍の養成所の養成工として入った。ちょうど入ったのは、その年に60人が入りました。60人が、入所式がすんで、いっとき養成所に向かって、解放される時間になりましたら、こういう会話が始まりました。だれかが「なにかにおうだろう」と。まず悪臭、これを感じたのが第一発目でありました。ささやくように「におうだろう」、「におうのう」、「におうのう。なんかくさいなあ」と。なんのことかといいますと、化学兵器の製造工場特有のにおいなんですね。あまりいいにおいではなかったのです。

化学兵器は人道兵器だと教えられ

みなさんご承知と思いますが、今、公害関係法があります。その中に大気汚染とか水質汚濁とか、あるいは騒音とか悪臭とか振動とか、いろいろ規則がありますが、こういう中にあてはまるんではないかと思うんですが、悪臭ということは考えられるのです。変なにおいがするんですね。このにおいが大久野島特有のにおいということを考えさせられるようなことが起こります。少し不安な気持ちになりましたが、まず誓約書が20年間働く。そして、秘密の工場であるから絶対に他にもらしてはならない。そういうことなどがこのにおいとからまってといいますか、いやな感じで、ここに就職したのを後悔するような気持ちになっていきました。今さらどうすることもできませんので、結局養成所で教育を受けることになりました。養成所の教育でまず始まったのは、「化学兵器とは」ということから始まりましたね。化学兵器とは、すなわち人道兵器だという教育から始まりました。なぜかといいますと、今でもそうですが、その当時、通常兵器と化学兵器とに分かれるわけですが、通常兵器というのは大砲とか、あるいは戦車とか飛行機とか、軍艦もそうですよね。いろんな戦うための武器がありますよね。これが通常兵器です。ところがもう一つ、化学兵器というのがある。この化学兵器をこの島でつくるけれども、化学兵器とはなにか。そこで始まった教育によると、化学兵器は人道兵器なんだと。人の道からはずれない、人が生きることを思って戦う武器、そのようにいっておりました。

まず通常兵器を持って戦うと、これは飛び道具ですから撃ち込む。それが命中する。たいていは死ぬ。死は免れない。流血の惨事が起こるだろうというようなことをいってました。それはそうでしょう、ライフル銃でもなんでも。イラク戦争では自由に移動ができる戦車があります。そういう通常兵器をどんどん爆発させて破壊していくんですから、大量殺戮（さつりく）にも通じるんです。そういう武器ではなくて、化学兵器というのは、広い範囲に敵を追い込んで、周囲に化学兵器をまき散らして一時中毒を起こさせる。中毒を起こすことによって戦闘能力がなくなる。そういう地域をつくっていくんですね。そうやって攻撃していくと難なく攻撃できる。しかしながら、その中毒になった兵士たちはのちほど回復してくる。そこでいわれるのは、死亡率が非常に低い。戦争だからといって、人を殺すのが目的ではない。殺さずに相手を説得するというのがいちばんということが考えられるんですが、その殺さない、死亡率も低い、だからこれは人道兵器なんだ。こういうような論法であったように思うんです。

そういう教育が始まって、自分らがこの大久野島でこれからやろうとする、化学兵器をつくる技術を習得するために勉学に励もうとするのが、やっぱりややもすると考えさせられるようなことが教育されます。なおそれでも、当時の時代と今の時代とは違って、化学兵器は人道兵器であって、一つには皇軍兵器ともいえるというのです。化学兵器を漢字で書くと化け学なんです、化学ですね、化学兵器。皇軍兵器といったらなにかといったら、皇族の皇を書いたんです。その次に軍を書く。これ、皇軍兵器なんです。日本人は天皇陛下を守るために戦う義務がある。天皇陛下を守るために戦う兵器を皇軍兵器、すなわち化学兵器を意味する。こういう論法ですね。その時代のわれわれは、それまでに聞いた化学兵器製造の責任よりも、もう一つ、国のためになるんだということを大きく考えさせられたわけです。皇族が出てくるんですね。天皇陛下を守るために戦うのだ。その戦う武器がすなわち化学兵器だ。こういう精神教育がどんどんされていきました。

今、実際に私は、当時の養成所で働いておったときの規則が書いてある手帳を持っています。皇軍兵器、君たちは皇軍兵器の製造技術者である。ここでは、名誉のように位置づけて教育された。だからだんだんと不安が除かれるかといったら、そうではなくて、ますますなんかわからない。これからこういう教育がされると思うと、不安がかえってつのってくるような毎日が続きまして、入所した当時からいやな感じを受けておりました。そうする中で、養成所の技術職の教官の教育を受ける中で、いよいよ現場で実際に化学兵器をどのようにつくっているのか、実地の教育になるということで、現場の工場、製造現場を見る時期が与えられまして、現場へ行くことになります。

呼吸器障害を起こしてやがて悶死へ

この前は今は広場になって、公園になっていますが、そのころは立錐の余地もないほど工場がいっぱいでした。その工場の中では、この棟もそうですが、この広場は大久野島の毒ガス製造の中心になるところでした。私たちにまず現場を見せようということで、引率されて行ったのは、今、ちょうどこの向こうにプールが建設されていますが、そのプールのあるところの工場は鉄筋コンクリートの平屋建てでありました。そこを見学させようとそこへ行きました。

そうしたら、そこで自分が不安を感じておったことが取り除かれたかのような気持ちになりました。なぜかといいますと、そこでは２００人ぐらいの女工員が働いておるんです。その様子をそこで見て、「君たちも近いうちにここで実習に入る」と。「これがすなわち化学兵器なんだよ」と。それをいわれたときに、不思議なぐらいなんでもないような感じになりました。というのは、女の人の働く姿が白い作業服に布のマスクですね。そういう姿に軍手、作業用の手袋。そしてズボンをはいてます。そういう軽い服装で仕事をやっておる。そこでつくられている化学兵器とはなにかといったら、くしゃみ性の毒ガス。くしゃみ性の毒ガスの原料はなにかといいますと、主な原料になるのはヒ素、それから青酸カリ。くしゃみ性の毒ガス。これを作用させて固形の、結晶性の毒物をつくります。その結晶を、その毒物を缶の中に詰めて、その缶の中で結晶性の粉末を燃やすしかけになっているのです。

それを燃やすしかけは、みなさんご存じではないかと思いますが、今ではそういうものはありませんけど、当時はセルロイドというものがありましてね。今はプラスチックの時代ですから、いろんな子どものおもちゃにいたるまでプラスチックがあります。そのころはプラスチックはありません。セルロイドというものが子どものおもちゃになるもので、非常に引火性が強い。燃えやすいんですね。その燃やすセルロイドを細かく裁断して、それに結晶性のくしゃみガスを吸着させる。それを缶詰めにする。その缶詰めの中で発火して燃える。それが燃えていくとガスが出ますね。そのガスを吸い込ませるのがしかけなんです。このガスを吸い込んだらどうなるかといいますと、まずはくしゃみが出ます。ですから、自分がかぜでもひいたぐらいな気持ちでおるんですが、これがなかなかどうして、呼吸器に入っていくと非常に苦しくなるんです。ある一定以上の量を吸い込むと、呼吸器障害を起こして狂い死にする。悶死というぐらいに苦しみます。しかし、どちらかといいますと、これからなされていく教育の恐ろしさが少しなくなったような感じがありましたが、それはかりではなかったですね。次の日には、ここにあった3階建ての鉄筋コンクリートの建物でした。ここでつくっている毒ガスはなにかといったら、まず毒ガスの名称はイペリットといいます。これはマスタードガスともいいます。あるいはルイサイト。この毒ガスはさっきのような結晶性のものではなくて、どろっとした液体の毒ガスですが、これは戦闘に使うときにはまず投下する爆弾です。爆弾の中に、あるいは大砲の弾の中にその液体を、毒ガスを詰めるのです。大久野島で作業はしないで、そのつくった液体性の毒ガスは、九州の小倉の曽根の工場に人知れず密かに送り込んで大砲の弾、あるいは爆弾の中に詰め込む。その詰め込んだものが化学兵器です。これは大量殺戮兵器といわれて、この毒ガスはびらん性といいまして、ただれて腐っていく。じわりじわりと殺していくようなことが考えられると思いますが、びらん性、皮膚がただれて腐るのです。そして、その状況は体にどんどん浸透していく。そういう恐ろしい毒ガス兵器です。この化学兵器を今でもイラク軍が持っておるんではないか、隠しておるんではないかということが、イラク戦争が始まるまでに調査されたようなことがテレビで報道されました。なんと今でも化学兵器というのはあるのかというような思いで、不愉快な気持ちでした。今でもはっきりしてないということから考えると、なおさらのように、またもや恐ろしい戦争が起こるのかと思うと、なんともいえない恐怖に襲われる将来が待っておるように思います。

ここにあるそういう猛烈な毒ガスをつくる工場を見学するのに案内してくれましたが、なんと不安な気持ちになりましたのは、ここの工場は入って見学する人においてもまず防毒マスクや防毒服。自分が毒ガスにやられないような防御をして入るのです。でなければ、この工場の見学はできませんでした。ここの工場を説明してくれて、イペリットとルイサイトの強烈な毒性のことも話してくれましたが、これを聞いてみるとなかなかどうして、化学兵器の真髄に入っていくんだなというような感じがしましたね。

工員の話に不安が募り

見学が終わって養成所へ戻る途中で、働いている普通工員の人と会いました。その工員は私に「君たちは子どもなのにどうしてこの大久野島に来たのか」と聞いてきました。私がすぐに「私たちは大久野島で化学兵器の製造技術を身につけて、将来はりっぱな工員になってゆくためにここに養成工で入った」ということを告げますと、工員はこう答えましたね。「ここで化学兵器の製造が一人前にできるようになるためには、呼吸器の病気を何度か体験して初めて一人前になるといわれている」。こういうようなことをいわれまして、そのときあまりにも強く不安を感じながら工員の顔を見た私はびっくりしました。その工員のおじさんは赤茶けた日焼けのような、黒い鈍いような、精彩を欠いたような色で、なんともいえないような顔をしておったのです。

驚いた私が「おじさん、あなたの顔はどうしてそんなふうになるんですか」といったら、これまたあたりまえのように「これかい。これはガス焼けよ」と答えたのです。私はあまりにも不思議だったものですから、ガス焼けという言葉に驚いて、「でも、そういうことがあってはならないために工場の中では完全な防毒服を身につけて働くんじゃないですか」と聞きました。するとおじさんはこういうふうにいいました。

「完全なと、だれがいうたかわからんが、なかなか完全じゃないことが多い。ということは、まずここの工場の中で働くためにつける防毒服についても大きさが大中小の3とおりしかない。こういう矛盾があるか、考えられるか」と。さらに「その決められたサイズで合う人はいい。合わない人はどうするか。そういう人のためになんとか考えてもらわにゃならんが、とてもじゃないけど工場はそこまで考えてはおらんだろうでな」という意味の話もしてくれました。これを聞いて私はいっぺんに不安が募りました。

その時あの1940年の4月にここに入るまでに、小学校の担任の先生がすすめてくれたことを思い出しました。採用試験に挑戦して合格して、いよいよ採用されるまでは、非常に担任の先生のご苦労をしのんで感謝の気持ちでいっぱいになっておりましたが、さて自分がその毒ガスの恐怖にさらされたことを知ったときに、あの先生がすすめてくれなかったらここへは来てなかったんだろうにという不安でした。

今度、クラス会でもあったら必ず先生を呼んで、「先生、大久野島というところはこういうことで、感激に燃えて入所式をやりましたが、だんだんわかってきたのは非常に不安の高い工場であることです。なぜ先生はこういうことを教えてくれなかったのですか」と抗議を申し込んでいこうかというふうな気持ちにされました。いろいろと友達とも話しましたが、「しかし、それは不可能だ。君たちはすでに得心して、ここに就職して、誓約書まで交わしているではないか。この島の秘密事項は絶対にもらすようなことはしません。しかもきょうから20年間、自分の勝手でやめることはしませんということも誓約書の中でうたわれておる。これが今になって恐怖を感じたから、恐ろしいからといってここをやめることはできない」ということになりました。もう自分の進む道はこの化学兵器をつくるより他にはない。人道兵器であろうがなかろうが、やめようとしてもやめられないのなら、どうしてもこれは働かなければならんということになれば、その道に従って陸軍工の規定のとおりにやっていかにゃならんのではないかというふうなことで、いやいやながら3年間の教育を受けていくわけなんです。その３年間の教育の中で職業を決めねばならんのです。機械工か化学工か電気工かというように分かれるんですが、私は機械工に選ばれました。

毒ガスをつくる工場がたくさんありましたが、機械工はその製造工場の中の製造機械、この機械のメンテナンス、修理をする工員、修理工になりました。

われわれの同僚には化学工になった者もおりました。化学工というのは、ここで毎日毒ガスをつくっていくんですね。電気工というのは、ここに大きな発電所があり、発電所あるいは電気の工事をやるのが電気工です。あるいは製図工、などいろんな職種がありましたが、そういう職種に分かれて、３年の学習を終えて現場へ出ます。

毒ガス製造を縮小した背景

昭和15年に入所して、現場に出たのは昭和18年でありましたね。18年から19年にいたるまで、いよいよここの工場の工員といっしょに働く日が毎日続きます。このとき、ここの製造工員はほとんどが呼吸器の障害を持っていることがだいたいわかったような気がします。なぜかといいますと、自分の体の不調を訴えて病院へ行きます。その病院も大久野島に一つあるだけで、一般の病院は使ってはならない規則でした。絶対にここの島の病院を使いなさいと。この島には総合病院がありました。内科・外科・耳鼻咽喉科。でもやぶ医者が多いわけですね。ここでは治りにくいというようなことから、当時はそういう悪口もいったようなことがあります。

そうして、昭和19年にいたるも毒ガスの製造は遅々としていて、遅いような感じだったんですが、昭和19年ごろにはこの北部のあたりを歩くと、今はテニスコートになっていますが、そこには恐ろしい窒息性の毒ガスをつくっていました。これは青酸ガスですが、この青酸ガスは硫酸と青酸カリを作用させてつくるもので、これはほんとに空気のような感じで、目には見えない、においもない。この青酸ガスがつくられておりました。そういうように生産量もだんだんと高くなっていくんですが、昭和19年の終わりごろにこの工場で異変が起こります。なにが異変なのかといいますと、毒ガスを製造するのを半分ぐらいは中止して、その工場の設備を火薬とか爆薬とかをつくる工場に変えていく命令が出たのです。これはおかしい。戦争は熾烈化していくのに、化学兵器の工場で化学兵器をつくるのがだんだん下火になっていくのは、何か逆のことをやるんじゃないかというような不安をわれわれ工員は感じるようになりました。けれども、軍の命令でいたしかたなく工場の一部はこの広場でありましたけれども、火薬・爆薬をつくる工場に変えられました。

不思議なことではあったんですが、あとから考えてみると、ちょうどその当時のアメリカのルーズベルト大統領、このアメリカが日本に対して厳しい忠告をしておりました。日本軍は中国大陸において化学兵器を使って戦闘を交えておるが、即時これを中止しなさい。もしやめないのだったら、アメリカの化学兵器で報復する。こういうことが報じられたようでした。でも、私たちはそういうことはいっさい知りませんでした。戦後、そういうことがあったということを知ったんです。はあ、それで化学兵器の製造量を減らすことになったんだ。決して戦闘状況がいいからということではなかったのだ。そういうようなことを今になって考えるようになりました。

風船爆弾製造も

そういう状況が日本にあった頃には、大都市はほとんど敵の飛行機の空襲を受けて焼かれたような状態でした。広島県下においても福山も呉も空襲を受けることになりまして、芸予地域でとりあえず焼かれずに残っておったのは広島市だけであったような気がします。昭和20年に入りますとその年の8月に戦争は終わるんですが、20年の正月が終わったころに大久野島にまた一大異変のような事態が起こりました。

それはなにかといいますと、なんと白い鉢巻きでセーラー服を着た女学生、あるいは軍の作業服で身を包んだ中学生ら約１２００人がこの島にどっと来たんです。びっくりしました。これはいったいどうなるんだ。中学生・女学生までが大久野島で毒ガスをつくるのか。あるいは火薬をつくるのか、爆薬をつくるのか。それはいよいよ日本も最後かということが感じられるぐらいの大異変でした。

何が起こるのだろうかと不思議に思っていたら、中学生たちはこの大久野島の山に向かってほら穴を掘るんです。ほら穴を数十カ所つくる。毎日、中学生を使ってどんどん穴を掘っていく。女学生はその土をどんどん運び出す。こういうことが毎日ずうっと続きました。ほら穴はなんのためにつくるかといいますと、まず火薬・爆薬の原料をおさめるところ。あるいは軽作業をそのほら穴の中でやる。あるいは敵の空襲を逃れるためにほら穴の中に逃げ込む。そういうような利用目的で中学生・女学生にほら穴を掘らせたんです。

そうしておるうちに、いよいよ日本は戦争の熾烈化を目の前にすることになり、本土決戦を迫られる中で、「一億玉砕」というようなことがよくいわれておりました。危急・存亡のときが来たと。その時に出た命令は、女学生を使って風船爆弾を作れという内容でした。風船爆弾、しかもそれは紙風船です。製造内容をよく聞いてみると、まず風船爆弾の風船は紙。障子用の紙です。和紙、つまり日本紙です。その障子紙の大きさのものを5枚貼り合わせます。その貼り合わせるのりがコンニャクなんです。コンニャクを使ってのりをつくる。これを中学生がどんどんつくりました。そして、そののりで紙を貼っていく。５枚貼り合わせて、乾燥させて薬品で処理をしたら、紙が布のようになっていきます。すごい強いものでありました。その布のようなものを何百枚か貼り合わせていくわけなんです。そして、貼り合わせた風船に水素ガスを入れてふくらませると、どんどんふくらんでいきます。ふくらんでいくと上に上昇する。浮力というんです。浮く力がどんどん増えてくる。その浮力を利用して、風船に爆弾をつるして上空に上げる。上空1万2千メートルぐらいまで上がると、そこは成層圏というところで、そこでは常に偏西風、西風が吹いている。その風速たるや、一定ではないにしても、この西風で3昼夜、風船が爆弾をつり下げて流れていく。そうしたら、3昼夜流れていった時間帯に風船にしかけてある時限爆弾が働いて、風船が破れていくと、つり下げていた爆弾だけが下に落ちるんです。落ちたところがアメリカ本土ということになる。こういうのが風船爆弾です。

この風船爆弾をつくって飛ばしたのは昭和20年の梅雨時分です、5～6月ごろ。今に見ておれ、アメリカで大パニックが起こるぞ。日本は戦争に勝てるんだと。はかない希望を持って毎日期待に期待を重ねたわけですが、なんとその7月ごろでした。真夏の暑い7月を迎えたころ、情報はいっさい入ってきません。今に見ておれ、大パニックが起こる。でも、まったくなにも起こらない。情報は遅々として入ってこなかったのです。

大久野島にも届いた原爆の光

そのころアメリカはどうかといいますと、これも戦後にわかったことなんですが、風船爆弾がアメリカに届いてアメリカでは大パニックを起こしているだろうと言っていたころには、ニューメキシコで第1回目の原子爆弾の実験をして成功したと聞きました。アメリカは原爆、日本は風船爆弾。こういうふうになってくるんですが、いよいよ8月6日です。天気のいい日でしたが、そのころ私は大久野島で働いておりました。機械工でありました。命令によって8時から朝礼があって、15分の朝礼があるんですが、朝礼が早く終わって、自分の持ち場に行こうとしたときにぴかっと光った。これが、広島へ落とされた原爆が爆発したときの光なんです。ここから広島まで75キロ離れておりますから、音は聞こえませんでしたけれども、光線はここまで届きました。ぴかっと光ったのを私は覚えています。その光ったのがなんであったのか、大型爆弾であったということが翌日わかりました。新聞には原子爆弾とは書いてなく、大型爆弾を落としたとありました。

何やらわからんが、次の日の新聞の記事を読んでみると、あれは光線爆弾ともいう。あの光線を体に受けた人は長くは生きられないと書かれていました。この恐怖はすごかったです。化学兵器の危険性をってきましたけれども、それどころではなかったです。その光線を受けた人は死ぬということになって、今日死ぬのか、明日死ぬのか、いやあ今日は助かった。こういう不安は毒ガスを製造するときの恐怖どころではなく、恐ろしかったことを覚えています。こういうようなことが長崎にも起こることになって、日本は8月15日に無条件降伏をして、戦争は終わったんです。

戦争が終わりますと、すぐにアメリカの艦隊が大久野島に上陸しまして、ここで厳密に調査をしたところ、大久野島全体には毒ガスが3000トンあまり蓄えられている。貯蔵庫ならびに工場の中にも造りかけた毒ガスがあったということから、アメリカの指揮・監督のもとにこの毒ガスを船に積んで、その積んだ船を曳航して土佐沖へ120キロ、太平洋を南へ南へと引っぱっていく。そこで毒ガスを積んだ船もろとも沈没させて、海洋投棄となったわけです。海洋投棄をしたら、これが再び浮いてきたらたいへんなことになるんではないかという不安は強かったです。けれども、その当時の科学者がいうには、海に捨てた毒ガスは深海、要するに深い海です。ちょうどそこは海底4000メートルの海だそうですが、そういう深いところに毒ガスを沈めると、毒ガスは浮いてくるんではなくて、固まっていくんだ。浮くようなことは絶対にないというようなことも新聞に出たそうです。しかし、ほんとにそうなんだろうかと思いました。そういうことで、大久野島の毒ガスは投棄されて、平和を呼ぶ大久野島になっていくのです。それから15年が経過したころに大久野島は国民休暇村に変貌していって、現在の観光地の大久野島ができたわけなんです。私が大久野島に入った1940年から45年、敗戦までに見てきた大久野島の実情です。

この中で、ほんとうに戦争というものに駆り出されたのは大人だけではなかった。あるいは男子だけではなかった。女子も、あるいは子どもまで駆り出されて戦いに参加をしていったのです。その日本が無条件降伏して平和を取り戻しました。このしかし平和憲法のもとに平和を忘れたといえると思いますが、日本が再び戦争に巻き込まれるのではないかという時代を迎えたのは、いかにも悔しくてならないと思います。

戦後、多くの人が呼吸器障害に

今、元工員がどんな状況にあるのかということを、お話しします。敗戦から6年ぐらいたったころですが、大久野島に籍を置いて働いた人の中から大勢の呼吸器障害者が出てきました。そして呼吸器障害を受けた人の病状は悪性の肺結核ということが一般のお医者さんの診断の結果でした。戦争が終わってからなぜそういう病気にかかるのかということが不思議に思われたんですが、実際のところ、戦争中からすでに呼吸器障害者が多かったんです。それがわれわれにはわからなかっただけなのです。昭和20年に敗戦になって、昭和26年にもと働いておった人たちが被害者の組織をつくります。もっと早くつくるつもりだったんですが、６年間アメリカに占領されて拘束されていたので、そういう動きができなかったというようなこともあったんではないかと思います。昭和26年に、組織をつくって、まず国に訴えようとしました。そのころから、いまだに国に訴え続けています。

しかし、われわれは、毒ガスづくりに参画したためにこのような損害を受けた、国に損害賠償を請求するようなことはしておりません。われわれが大久野島で働いたときにこういう呼吸器の障害を受けた。その呼吸器障害は慢性気管支炎だということを聞いたので、その慢性気管支炎になった人の救済を早急に講じてくださいというようなことでお願いをしたのです。なぜそういうふうになったかといいますと、大久野島では国のためにということで毒ガスをつくらされた。われわれは国の命令によってつくってきたんだ。だから、その救済を国のほうでやってほしいということで訴えたのです。やっと戦後９年目に救済されることになりました。そして現在にいたっているわけです。

元毒ガス工員の戦後の実態

ここで働いた人の数は、始めにいいました。約６７００人、あるいは７０００人近い人が働いていたのです。その中ですでに死亡が確認されたのは２７９０人ですね。あと、生存者の中ではちょうど今75歳が一番低年齢だろうと思いますが、それ以下の人はもう大久野島の実態は知りません。それでも、毎年国に対して救済措置の拡充を図るための訴えをしています。救済の方法は、原爆症の救済の方法と同じようなかたちでやっています。ただ、変わったのは、軍と民間との格差があったんです。ということは、先ほどいいました女学生・中学生は工員ではなかったんですが、大久野島でいろんな仕事をやらされたというようなことから工員と同じような障害を受けた人もおりました。それを訴えていくんですが、それがどういうことになったのか。ここで働いた人の中で、実際に工員であった人と非工員、工員でなかった人との格差があったんです。まず工員であった人の救済から始まっていく。そして、非工員であった人は救済の対象にはならなかったのです。

そして、国に訴え続けるにしたがって軍と民間との格差がなくなっていきました。今、格差がなくなってから4年ぐらいになります。当時の動員学徒の中学生・女学生たちも国が決めた認定患者になしました。認定患者として救済を受けることになると、医療手当とかその他の手当で1カ月に13万円と無料の治療が受けられるような制度が確立されてきました。

いまだにその制度の拡充を呼びかけておるんですが、元一般従業者の損害賠償とか精神的な障害とかを受けた損害賠償の訴えとか、こういう対応はされていません。元毒ガス工員の戦後の実態です。

戦争の被害と加害の両面

国のやった行為に対しては、すでに1925年だったですが、ジュネーブ協定ができまして化学兵器は絶対に戦争で使ってはならないという国際法はできあがっておりました。そういう禁止条約があったにもかかわらず、どの国もそれを守ろうとしなかったのです。迷いがあったんではないかと思いますが、日本ではこれを国民には知らせなかったわけです。もしそのことがいいことであればもっと国民に知らせたんではないかと思いますが、いいことではなかったのです。それは広島と大久野島の実態を見てもわかると思います。広島や長崎ではあれだけ核爆発の被害とか、あるいは反対運動が展開しているにもかかわらず、大久野島の場合は化学兵器の廃絶とかいう運動が起こるわけのものでもない。ただ、もと従業員が「助けてください」ということで、国にお願いに行っている運動しかやっていないのです。そのことを深く考えてみると、やはり戦争の悲惨さには被害と加害の両面があるんだということについて深く考えてほしいと思います。被害と加害の両面に立った戦争認識をしていく必要があるんではないかと思います。

＊２００３年度黒岩ゼミの旅行で広島を訪問した時、大久野島毒ガス資料館での講演の記録です。村上初一さんは、２０１２年享年87歳で亡くなられました。

1263回目の戦場体験噺《ばなし》

本多立太郎（2008年証言）

戦争というより、戦場体験という非常に極限状況のような経験を、若い人たちに聞いていただいたいと思います。

まず、私の書いた『ボレロが聴きたい』（耕文社、1994年）という本の冒頭に、まえがきにかえて取り上げた1通の手紙を紹介します。この手紙を受け取ったとき、今から25年ぐらい前に受け取った手紙でありますが、この手紙の主というのはまったく顔も知らない、未知の人であります。私は必ず手紙には返事を書くのですけれども、この手紙は返事も出しようがない。なぜなら、住所を書いておられない。しかし、きちんとお名前は書いておられるのですが、県の名前だけが書いてあって住所がないものですから、返事の出しようがない。返事の出しようがないけれども、実に切々と心を打たれた、私にとっては大変大切な手紙なのであります。これを自分の本のまえがきに取り上げました。なぜ私がこの手紙をこの本に取り上げたかということは、読んでいただきますと、たぶんおわかりになると思います。

見知らぬ人からの手紙　～まえがきにかえて～

朝日新聞の「わんぱく運動」という記事を読みまして、私もつたないながらも一筆したためます。「1941年12月8日、あなたは」というアンケートのことも書かれていましたが、ちょうどそのころ、私の場合、同じ村で5年間兵役を済まして帰ってきた彼と結納を交わしていたころでした。そして主人25

歳、私21歳、昭和17年1月、結婚式をあげました。そして1年10カ月、そのうち女の子が生まれ、幸せな日々が続きました。翌18年10月、召集の赤紙が来ました。それ以来、不安な日々の毎日でした。令状が来て3日目に入隊。私のお腹には2人目の子を宿していましたが、夫はまだ知りませんでした。

入隊20日ぐらいして、鳥取の連隊へ面会に行き、30分ぐらいの時間しか会えなく、また姑もおることだし、何一つ思うことも言わず、ただ子どもの顔を見せて別れました。それが最後の別れになろうとは。不安な気持ちは続きました。それから7日ぐらいして、九州の宿より、生まれてくる子の名前を書いて手紙をくれました。南方面に行くのではないか。本人もわからないらしい手紙の文面でした。それからしばらく音信不通。翌年2月のある日に、南の島よりという簡単な文面の便り、はがきが、姑と私に来ました。手紙さえも許されぬ軍隊が、ほんとうに今でも憎らしい気持ちでいっぱいです。

昭和19年7月、実家で男の子を生みました。夫が見て喜んでくれるだろうという気持ちで、1カ月した男の子と、女の子は病弱でしたけれど、よちよち歩き。私と3人の写真を撮って、戦地にいる夫のもとに送りました。すぐ返事が来ることを待って、待っていましたが、銃後の守り、軍国の妻とか、男手をとられた農家にとっては、力仕事はほとんど若い嫁の仕事でした。それは私一人ではありません。昔は戦勝の気に満ちていましたから、主人が帰ったときのことばかり考え、思い浮かべ、子どもの大きくなることを楽しみに、つらい日々を耐えて暮らしました。いつ戦争が終わるだろうか。いつ行った人が帰ってくるだろうか。無事でいてくれることを心からそう思い、神に祈りました。

昭和20年8月終戦、本当にやれやれとほっと一安心しました。内地入隊の近所の人たちは山ほど物資をもらって帰ってきました。しばらくして外地の引き上げが始まり、南方からもぽつぽつ復員する人がありました。私は、何の音さたもない主人のことが心配でなりません。南方へ一緒に渡った人のところへ訪ねていって、主人のことを聞きますけれど、何一つわかりませんでした。20年、21年、22年の8月、とうとう戦死という公報が入りました。そして10月、遺骨が帰ってまいりました。両親らと、その遺骨の箱を開きました。中には復員局とかいう印の押した慰問袋に、どこの砂だかわからぬ土が入れてありました。腹立たしくて涙も出ませんでした。政府か、日本の国か、軍隊か、どっちを恨んでもどうしようもない時代でした。

私一人ではありません。多くの方々が、私以上に苦しい道を歩んでおられます。大家族の中で、嫁の座はほとんど皆無といってよいほど弱いものでした。農家でさえ食料は思うに任せず、できたコメを家族人数にいくらか残して、全部供出してしまいましたから、1日2食はおかゆを食べていました。それでも勝つためにと思い、一生懸命に頑張りました。どんなに無理をしても、生きていたら、元気で帰ってくれたら、苦しみも楽しみに変わるだろうと信じて待っていました。入隊する前夜、明るい月夜でした。そして月を見ながら、どこの国にいても、あの月は見られる。十五夜の月をお互いに見て、元気でいることを祈ろうねと言って別れました。そして、この家で必ず待っていること、姑によく仕えること、あの約束もみんな水の泡に消えてしまいました。

当時、昭和24年、私の年齢は27歳でした。姑は、お前はまだ若いのだから、またよい縁でもあることだし、実家へ帰るようにと私に向かって言います。そのころには、私の両親も若く元気でした。そんな家にいてもつらいばかり、早く帰るように厳しく言いますけれど、遺骨の代わりに砂を受け取って、なんで戦死などとあきらめられず、24年秋まで待ち、実家へは寒い冬の日に、下の男の子を連れて、追われるように帰りました。ほんとうに、ちり一つくれませんでした。40年近い前のことが鮮明に思い浮かんできます。

18年10月出征、19年6月インドアッサム州で戦死ということでした。インパール作戦に参加ということだけ知らされました。けれど私には、今も主人がどこかの国で元気でいるのではないかという心が残っています。そして月の明るい夜は、今も45年前のことを思い、祈っています。

今も２人の孫たちに、あんたたちは大きくなっても、決して軍人にはなるなよ。軍人は人を殺すことしか知らない。人を殺すことほど悪いことはない。そして戦争というものは、決して人を幸せにはしない。必ず相手が傷つくと。中曽根さんの出現で、再軍備が強くなる気がしてなりません。

本多様の申しておられるとおり、子孫は宝物です。中曽根さん、また政府の方々に心からお願いしたいと思います。もう戦争で不幸になるのは、私たちの時代で終わりにしたいものです。そして子や孫たちに、戦争ということはどんなに悪い行いか、恐ろしいことかを、私は死ぬまで言って聞かせます。

つたない文面、字も間違いまして、読みにくいことと思いますが、私の45年の間、他人様に一言も話したことも、書いたこともないことを申し上げます。私の胸の中の一部をお受け取りいただければほんとうに幸せに思います。

末筆ながら、本多様のご健康を心からお祈りしております。

２月10日　島根県フジワラミチヨ　65歳

本多立太郎様

地球の上で人類にとって真の平和を祈りつつ

＊原文のまま載せています。

私の戦場体験

これから私の話をしばらく聞いていただくわけでありますが、実は今日で、今から22年前から始めて、今日で１２６３回目になります。日本全国、47都道府県、全部回りましたが、いつも学校で、小学校、中学校の生徒たちに話をしますときに、私のほうから質問をします。おじいちゃん、おばあちゃんから戦争の話を聞いたことのある人は手を上げてごらん。これが意外に少ない。今、核家族といって、田舎のおじいちゃん、おばあちゃんからはと聞いても非常に少ない。なぜじゃあ、戦争体験を持つものが、家族に自分のその戦争をなぜ語らないか。実は我々にとって戦争体験とは、負の思い出である。つまりマイナスの思い出である。できるなら、もう口にも筆にもせずに、胸の中にしまって、そのまま土の中に入ってしまいたい。そういう性質の思い出であるという理由がいちばん大きいと思います。ですから、私もほとんど家で、自分に戦争体験があるなどということは、家族にも話したことがなかったわけです。それが、ある日突然、こういうところまで伺って、話を聞いていただくようになりましたのには、一つのきっかけがあります。なにも反戦とか、平和とか、反核とか、そういう市民運動的な理由で始めたわけではないのであります。まことに個人的な、実にまあ単純極まりない理由なのであります。

なぜか。これは孫かわいさの一念なのであります。うちの娘に長男ができまして、この孫という小動物は、実にまあなんといいますか、むちゃくちゃかわいい。おそらく皆さん方のおじいさん、おばあさんもそうだと思いますけれども、もう理屈抜きにかわいい。そして、その孫の顔を見ておりますうちに、これは今からもう25～26年前なのでありますが、2歳半ぐらいの彼が、毛布にくるまって、私の部屋の長椅子に眠っておりました。その眠っている彼の顔をじいっと見ておりますうちに、ふと気が付いた。待てよ、これは、こいつの欲しがるものはなんでもほいほい、ほいほい、母親が嫌な顔をするぐらい買って与えている。おもちゃでも、お菓子でも。しかし彼にとってほんとうに役に立つということは、今、俺がこの子におもちゃやお菓子を買って与えることではないのではないか。ふっとそう考えた。まあこれが間違いのもとだったのでありますけれども。

その結果、始めたことが一つあります。それは孫に宛てた日記であります。ケイスケというのですが、ケイスケよと書きだして、彼に宛てた日記を書きだした。何年何月何日、世界で、日本で、大阪で、我が家で、こういうことがあった。俺はそのときにこんなことをしていた。そういう事実だけを書き残していったわけであります。なぜ、事実か。そのとき考えましたのは、彼に与えられるであろう教科書、これは必ずしも真実を書いていない。ちょうどそのときは、家永三郎さんという人の教科書裁判が起きていまして、家永三郎さんの教科書に中国に対して「侵略」したというのを、文部省が「進出」と書き換えた。そうしたら中国から猛烈な抗議が来まして、あわててまた侵略に書き換えたというような事件がありました。

つまり彼に与えられるであろう教科書は、必ずしも真実を書いていない。政府が、ときの国家権力が、自分の国の子どもに与える教科書は、その権力にとって都合のいい記述しか書いていない。これは日本の政府ばかりじゃなくて、世界中の政府が、自分の国の子どもに与える教科書というのは、この政府にとって都合のいい記述しか書いていない。ですから、これはやっぱりそういう教科書を受け取ったうちの孫が、「待てよ、これはうちのおじいちゃんが書き残した日記とちょっと違うな。おじいちゃんが孫にうそを書くはずがないんだから、これは教科書のほうがちょっとおかしいんじゃないかな」と、こう首をかしげる機会を彼に与えよう。これが、私が孫に宛てた日記を書きだした理由であります。それまでは、年の初めに小学館なんかの金縁の立派な日記帳を買って、うん、今年こそはと言って、書き出して、だいたい七草まで続けばいいところというような状態だったのが、なんとその孫に宛てた日記は、大学ノート20冊、10年続きました。その10年続いた日記を書いておりますうちに、これはうちの孫ばかりじゃない、孫の世代、いや孫の親の世代が、すでに戦争を知らん。自分の周囲だけでも、2～3回語り残しておこうかと考えて始めましたのが、１９８６年2月11日の寒い夜、この京都、東山郵便局の2階で、郵政労働者50人ほどに話をしたのが第1回。2～3回で終わると思ったら、マスコミやら、口コミやらで、だんだん、だんだん広がって、とうとう延々22年、1263回ということになっちゃったのであります。これは別に、こんなにやろうと思って始めたわけじゃないんです。ですから私にとっては、なったんじゃなくって、なっちゃったという感じであります。そこで、こうやって続けてみて、今はつくづく感じていることがありますが、これはまあ、お話の中でも交えたいと思います。まず自己紹介のようなものをいたします。

私は1914年、北海道小樽の生まれであります。1914年、大正3年、北海道小樽に生まれまして、札幌で育ちました。そして、20歳で兵隊検査というものを受けます。今は皆さん、男の子も女の子も20歳で成人式といって、きれいな着物を着て、大人になったお祝いをします。私たちのときには、男の子だけが土地の兵舎に連れていかれ、頭のてっぺんから足のつま先まで素っ裸にされて、厳重に体を調べられる。どこも悪いところがなければ、甲種合格といって、すぐその年に軍服を着せられ、銃を持たされ、兵隊にされます。これを現役兵と言います。いちばん年の若い、20歳で軍服を着せられた現役兵。

私も札幌の月寒（つきさむ）の歩兵第25連隊というところで兵隊検査を受けました。私は、小学校5年生から近眼で眼鏡をかけております。それから足の裏の土踏まずが薄いということで、偏平足、歩くことが下手だということで、甲種合格ではなかった。第一乙種補充兵は、甲種合格の兵隊が足りなくなったときに、真っ先に呼び出す種類の補充兵。第一乙、第二乙、それから丙種、丁種、戊種まであったわけでありまます。私は第一乙、それで20歳で軍服を着なかった。現役兵ではなかったわけであります。

その時に、実は私は一人息子で、非常に過保護に育った。まことにみっともない、お恥ずかしいしだいでありますけれども。ですから、私の父が、一緒にこの兵隊検査に付き添って来てくれました。親父付き添いの兵隊検査なんていうのは、みっともない話でありますけれども。その父が、月寒の坂を下りて検査が終わって家に帰るときに、「ぼうず、よかったな」、こう言ったのを覚えております。つまり甲種合格でなくて、現役兵で兵隊にならずに済んでよかったな、第一乙で兵隊にならないですんでよかったなと。当時はもちろん、大日本帝国、軍国主義へ真っただ中の時代であります。そういう時代に、自分の息子が兵隊にならないでよかったなと、そういう大人もいたわけであります。

そこで父は、私に上京を命じました。「東京へ行け。そして俺の学校の同期の者が編集局長をやっておる新聞社に勤めろ。そうして、昼は働き、夜は我々の出た大学へ通え」。つまり昼働き、夜学ぶ。今はもう死語になっておりますけれども、苦学生という言葉がありまして、昼働き、夜学ぶのです。わがまま一杯に育った息子を少し苦労をさせようと、父は昼働くよりも、むしろ夜学ぶほうを主眼に考えたようでありまず。しかし、私はもう喜び勇んで、怖い親父のそばから東京へ出られるのですから、飛んだり跳ねたりしながら東京へ出ました。

そして、父の学友が編集局長をやっておる新聞社に勤め、そして夜は高田馬場の早稲田へ、第二高等学院、そこへ通うということになりました。ところが、勤めた場所が悪かったんです。なにしろ有楽町であります。昼働いて、いよいよ仕事が終わって、いざ電車で高田馬場へ。その時間になりますというと、目の前に銀座の赤い灯、青い灯がちかちかしている。とてもとても、電車に乗る暇がない。ですから私も、４年ほど前に早稲田へ呼ばれまして、大隈講堂で４００人ほどの学生に話をしましたときに、「俺は君たちの先輩だぞ。ただし、大隈さんにお目にかかったのは3回か4回だ」と言ったら、みんなわあっと拍手してくれましたけれども。しかし、学ぶほうは、そんなことで挫折しましたけれども、働くほうは結構おもしろくて、張り切って仕事をしておりました。なにしろ昔の新聞社というのは、男の職場であります。女の子がいない、女性記者がいない。学芸部あたりには１人か２人いたかと思いますけれども、社会部あたりには男の子ばかり。ですから、お茶くみから、たばこ買いから、みんな男の子の我々がやらなくちゃならん。恐い先輩に怒鳴られ、怒鳴られ、しかしまあ張り切って仕事をしておりました。

そして、1934年（昭和9）に上京しました。そして5年間、1939年（昭和14）の5月のある日、これから私の戦争が始まるわけであります。

ある日、会社の上司が「本多、電報が来たぞ」。どきっとしました。体中の血がどっと下へ落ちて、真っ青になって、震えあがってしまった。これは最初にお断りしとかなくちゃならんのですが、先ほども申したとおり、きょうはもう本音で話をし、本音で話を聞きたいと言ってきましたから、正直、隠し看板のないところでお話したいと思います。真っ青になって震えあがってしまった。なぜか。実はこの1939年、すでに大陸で戦争が始まっておりました。1931年9月18日、いわゆる満州事変という戦争が中国東北部で始まっておりました。

毎日毎日、たくさんの兵隊がどんどん、どんどん大陸へ送られる。やがて甲種合格の兵隊が足りなくなって、第一乙の我々のところに呼び出しが来るんじゃないかなと、かねて覚悟なんていう格好のいいことを言っておりました。しかし、それがいよいよ来た。と申しますのは、恐る恐る広げてみますと。

「お召し来た、すぐ帰れ。父」

この電報、私は今、和歌山県の山の中におるんですが、村の小学校で話をしましたら、1年生の坊やが「うん、おっちゃん、わかるぞ。ご飯だから帰ってこいって言ってるんだろ」と、こう言いました。ご飯だから帰ってこいならいいんでありますけれども、小樽から東京まで、ご飯だから帰ってこいはないだろう。なぜか、こういうピンク色の呼び出しの手紙が来たから、すぐ帰ってこい。ああこれで一巻の終わりだなと思いました。このまま帰って軍服を着せられ、銃を持たされ、そして中国の戦場へ連れていかれ、やがては、これで俺の一生も終わるんだなあと。

そのうちに、はっと気が付いた。そうだお別れを言わなくちゃならない。20歳で上京して25歳まで5年間、暇さえあれば通っていたところがあります。これが最後の別れというのが言いたくなる相手の1人や2人はおります。

その日の夕方、一目散に社を飛び出しました。あの日、有楽町の辺りは雨が降っておりました。その雨の中を傘もささずに、大股でかけていったのが、銀座裏の小さな喫茶店です。ドアに手をかけて、開けて入ろうとしましたら、あっと思った。薄暗い店の奥に、私が別れを言おうと思った相手の人がこっちを向いて立ってました。びくっとして立ち止まると、向こうの人もまた私の顔を見て、はっとしたように体を硬くすると、その辺を拭いたりして近づいてこない。それはその店の娘さんでした。私には、なぜ彼女が驚いたか、まだ何も言わないのに、ただ顔を見ただけでなぜ驚いたのか、その理由がわかるのです。当時の若者は、このピンク色の呼び出しの手紙を受け取ったとき、誰でも真っ先にすることが一つある、同じことをする。何か。それは床屋さんへ行くことなんです。

それから70年も経って、私の頭はさんたんたる状況になっていますけれども、25歳のときには黒く長い髪をオールバックにして、格好良くしておりました。

この間、村の中学校でこの話をしましたら、ほんとうっていうような顔をして、人の顔を見ますから、嘘だと思ったらうちに来い、ちゃんと写真があるって、こう言っておりますけれども。この黒く長いオールバックの髪を、きれいさっぱり坊主頭に刈り落とすわけであります。つまり長髪では軍隊に入れない。同時に、髪を切って覚悟を決めるという意味もあったかと思います。私も、社の地下の床屋で散髪しました。その頭を見て、その娘さんがびっくりした。つまりある日突然、長髪の若者が坊主頭になれば、それは、明日は兵隊であるということを表す。無性にのどが渇いて、下を向いて「水」って言いましたら、お盆にコップを載せて、カタカタいわせながら運んできました。それをテーブルに置きました。ぺたりと前に座りました。2人でじっと顔を見合っていました。

5年間、暇さえあればそこへ行って、好きなコーヒーを飲んで、好きな音楽を聞いて、そしてその娘さんと、まるで兄弟のようにじゃれて遊んでいた。しかし、日ごろ言いたい、言いたいと思ったことを一言も言わずにしまった。今言わなければ、もう言う機会はない。言おうと思うのでありますけど、その思いが胸につかえて、言葉になって出てこない。じいっと相手を見ていますと、まあ相手の人も同じような気持ちだったのか、じいっと私を見ていましたが、やがてぽつりと、「おめでとう」。私は素直に「うん」とうなずきました。

当時の若者は、なぜかピンク色の、当時は赤紙と言われていた召集令状を受け取る。天皇陛下の命により、天皇陛下の御ために戦って、名誉の戦死を遂げる。まさに男子の本懐である。そういう機会を与えられたのだから、おめでとう。でありますから、よく一銭五厘の命なんていいますが、あれは間違いで、こういうピンク色の紙は郵便で来るのではない。役場の職員が、1軒1軒配ってきます。「お宅の誰々さんにお召しが来ました。おめでとうございます」。家族は玄関に座って、「ありがとうございます」。ににこしてそれを受け取る。やがて隣近所の人たちが「おめでとう、おめでとう」と集まってくる。

いよいよ、発つ日には、こう旗をたすきに掛けて、胸を張って、「これから行ってまいります。留守中よろしくお願いします」。元気にあいさつをして、駅に向かって歩き出す。後ろから町内の人たちが旗を振り、「万歳、万歳」、軍歌を歌い、にぎやかに送っていく。もちろんその中に家族も加わって、うれしそうに旗を振り、「万歳、万歳」。日本国中、いたるところで繰り広げられた、これを出征風景といいます。いかにも明るく、華やかなお祭り騒ぎのような、にぎやかな光景であります。出征風景。おそらく皆さん方の肉親にも、そういう光景の中に、一度は身を置かれておるに違いない。

ところがです。では、ほんとうにめでたいことであるか。とんでもない。きのう結婚したばかりのお婿さんでも、だからひと月待ってくれっていうわけにはいかない。きのう赤ちゃんが生まれたばかりの若い父親でも、せめて2～3日抱かせておいてくれっていうわけにはいかない。そのピンク色の紙には、何年何月何日何時に、何々部隊に入隊せよ。この何年何月何日何時には、1分1秒の猶予もない。ですから、誰も見ていない夜の夜中には、夫婦相抱いて涙にくれる。「どうか無事に帰ってきてください」。「必ず帰ってくるから、親たちを頼む。子どもたちをちゃんと育ててくれ。どこへも行かずに待っていてくれ」。それもまた日本国中、どこにでも見られた出征風景であります。この明暗を二つ。一つは建前であり、一つは本音である。しかしこの本音のほうは、絶対に人の前では見せられない。人の前ではうれしそうに旗を振り、「万歳、万歳」。しかし、心の中では慟哭（どうこく）しておったというのが、当時の日本人の姿でした。

ですから、その娘さんも私に「おめでとう」と言ったのです。次に「いつ経つの」って聞きました。私は今でも、もっとうまいこと言やあよかったと思うのでありますけど、下を向いて、まるでうめくように「今夜、7時、上野」。「今夜7時、上野」と繰り返すと「待って」、切り捨てるように叫ぶと、ばたばたっと奥へ駆けていきました。残った私は、違う人が運んできたコーヒーを一口含んで目を閉じました。

20歳で上京してからの5年間、暇さえあればここへ来て、一杯のコーヒーと、好きな音楽と、そしてあの娘さんの笑顔と、ただそれだけが俺の貧しい青春の唯一の証だったのだけど、とうとうそれまでも奪われてしまうのか。このまま戦場へ行って死んでしまったら、俺の一生っていったい何だったのだろうなあ。目を閉じておりますと、はっと気がついた。その店に流れていた音楽が変わりました。そこは、クラシックを流している店で、私がなぜか大好きで、いつもリクエストしていた曲があります。フランスの作曲家ラベルの『ボレロ』であります。非常にポピュラーな曲ですから、皆さんもご承知と思いますけれども、ささやくような笛の音から始まって、一小節ごとに一つの楽器が加わって、だんだん、だんだん音が大きくなる。同じリズムの繰り返しで、やがてワァ〜ンと鳴って終わるという非常に東洋風のきれいな曲です。

その『ボレロ』が鳴りだした。あっ、俺のために。なんだか胸の底から熱いものがこみ上げてきました。『ボレロ』も、きょうで最後だなあ。聞いておりますうちに、ワァ〜ンと鳴って終わった。ああ、終わったと思ったら、また、ささやくような曲になりました。あ、二度かけてくれてる。なんだかそれは、とうとう言葉にならなかったその娘さんの別れの言葉のように、胸にしみて聞こえてきました。歯を食いしばって涙をこらえながら聞いておりますうちに、ワァ〜ンと鳴って終わりました。ああ、終わった」と思ったら、また、ささやくような笛の音と。あっ、三度。思わず立ち上がった。そして叫んだ。「ありがとう。わかったよ。もういいよ。ほかのお客さんに迷惑だから、もういいよ」。そうしたら、いつのまにか私の後ろに来て立っていたその娘さんが、潤んだ声でこう言いました。「いいの。マスターも、ほかのお客さんも、あなたへのプレゼントですって」。それを聞いたら、もうたまらなかった。涙があふれて止まらなかった。歯を食いしばって、天井を振り向きながら、涙をこぼし続けていた自分を昨日のことのように思い出します。とうとうその日、『ボレロ』は、5回続けて鳴ってしまった。その5回の『ボレロ』の間、私の後ろで声を忍んで泣いていたその娘さんの姿も、はっきりと思い出します。

その日の7時に、上野の駅をたちました。会社の連中が、胴上げなんかして送ってくれました。柱の陰で白い顔が覗いていましたけれど、とうとう別れも言わずに別れました。

１９４７年、昭和22年8月、私はシベリアから帰ってきました。二度目の召集でシベリアへ送られて、やがて解放されて舞鶴へ帰ってきました。舞鶴から東京へ飛ぶように寄りました。その喫茶店のあった所へ駆けていきました。見れば一面の焼け野原で、見知らぬバラックが並び、見知らぬ人が行き来しておった。夕焼けの焼け跡で、呆然とたたずんでいたのを思い出します。聞けば、その喫茶店の一家は１９４５年、昭和20年3月10日の東京大空襲で一家、全滅してしまったそうです。それが、私の最初に体験した戦争であります。

今でも「お前にとって戦争とは何だ。90年の生涯の10分の1近く、しかもいちばんさかりの年をそれに過ごした戦争とは、お前にとって何だ」と人から聞かれましたら、私はこう答える。

自分にとって戦争とは、別れと、そして死

まず、別れがある。10年間、自分を育ててくれた温かい家族やら、友人やら、学校の先生やら、町内の人たちやら、そういう温かい環境からすっぽりと切断されて、殺人をもって目的とする集団にほうり込まれる。そして、その別れの果てに待っておるのは死である。別れと死。それ以外に何にもない。そう答えることにしております。

こうして、いったん郷里へ帰り、３カ月教育を受けて、いよいよ中国へ渡ることになりました。我々、兵隊は軍用列車という兵隊だけの乗る列車に乗って、札幌の駅で、ホームについております。目の前のホームに太いロープを1本ずうっと渡して、そのロープの向こうまで、どっと町の人たちがなだれ込んできて、手に手に旗を振り、万歳万歳、軍歌を歌い、兵隊の名前を呼び、騒然としております。しかし、兵隊はそれに答えることができない。手を振ってもいけない。声を上げてもいけない。ただ、じいっとそれを

見ているだけです。

そのうちに、はっと気がついた。私の隣りに座っていたタナカという戦友が、なぜか体を硬くして、じいっと一点を見つめています。その視線を追ってってみると、ロープにつかまって白い髪のおばあさんがいる。おばあさんも、彼を見つけたらしくて、背伸びをするようにしながら何か叫んでおる。そのたもとにつかまって10歳ぐらいの女の子が、同じようにこちらのほうを向いて叫んでおる。辺りは騒然として聞こえないのですけれども、耳をすましてみると、おばあさんは「マサやあああ」と叫んでおる。女の子は「あんちゃあああん」と呼んでおる。ああ、彼の母親と妹か。「おいお前、こっちへ代われ」、彼を窓際へ座らせました。しかし、どんなに呼ばれても兵隊は、それに返すことができない。タナカマサキチというその兵隊は、ただ体を硬くして、じいっと一点を見つめているだけです。何かぐっと凝縮したような時間が流れて、やがてリーンとベルが鳴った。ごとりと列車が動きだした。

その時、とんでもないことが起こった。おばあさんがそのロープをくぐってばらばらっと、私たちのほうへ飛びついてこようとしておる。女の子も、そのたもとにつかまって必死になって駆けてくる。もう我慢の糸が切れた。もしここで別れてしまったら、二度と会えないのではないか。狂乱して、私たちの窓へ飛びついてこようかとしておる。タナカマサキチはもう真っ青になって、それを見ています。ところがその時、そのロープのこちら側から向こうむけに、屈強の男たちが並んでいた。刑事やら憲兵やら警官やら、その中の1人が、つかつかと近づいていくと、どんと片手突きに、そのおばあさんの小さい体を突き飛ばしました。くるくると転がってコンクリートに叩きつけられたんです。その上にいきなり馬乗りになってぐいぐいと押さえつけておる。そのロープから、こちらへ入ってはいけない、その決まりを破った。見せしめのつもりなのか、突き飛ばし、転がし、押さえつけておる。女の子も同じように押さえられておる。ところがです。それでもなお、おばあさんは顔を上げ、手を伸ばして「マサやああ」と呼んでいる。女の子も「あんちゃああん」と叫んでおる。それは、他人の我々が見ていても、はらわたがちぎれるような光景でした。

じいっとそれを見ていたタナカマサキチが、突然、きちっと姿勢を正しました。遠ざかっていく母と妹に向かって、きっちりと姿勢を正すと、右手を上げて敬礼をしました。兵隊は手を振ってもいけない。声を上げてもいけない。しかし、兵隊が敬礼をしていけないというはずはない。いかにも農村出身の青年らしく、きっちりとした姿勢で、彼はいつまでもいつまでも敬礼を続けておりました。その目から一筋、涙がこぼれ落ちておりました。それはまさに、これが最後の別れという虫の知らせであったかもしれない。あるいは、最愛の母と妹を自分から引き離す国家権力への抵抗の姿勢であったかもしれない。いずれにせよ、タナカマサキチというその兵隊は、二度とその線路を帰ってくることはありませんでした。

その日、25人、私と同じ中隊から、その部隊に加わって中国へ渡りました。２年後、いったん招集解除になって帰ってきたとき、私と一緒に帰ってきたのが２人であります。４～５人、負傷して先に帰った。同じぐらいの数が志願して大陸に残ったのです。後はみんな死んでしまった。別れの果てに、待っておるのは死である。その別れを見ておりますうちに、「待てよ。これは、他人事ではないぞ」。と申しますのは、札幌を出て小一時間で小樽へ着きます。小樽には、私の家族がいます。私の家族は父と、それから父の母親、つまりおばあちゃん、その２人がおります。もし見送りに出ていたらどうだろう。父はまあ大丈夫だけれど、あの気の優しい仏様のようなうちのおばあちゃん、母親代わりに私を育て、目の中へ入れても痛くないというほど、まさに溺愛してくれたあのおばあちゃんが、孫との別れに耐えられるはずはない。タナカマサキチの母親以上に、狂乱の姿を見せるのではないか。そのとき、俺はいったいどうしたらいいだろう。どうしよう、どうしようと思っておりますうちに、列車は小樽へ着きました。そうっと首を伸ばしてみたら、「しまった」。ホームの真ん中に黒山のように、私の家のある堺町という町内の人たちがたくさん集まってる。そのいちばん前に、父と小さなおばあちゃんと、2人並んでこっちを見てます。「しまった」と思いましたけど、とにかく相手は年寄りだから、元気なところを見せて安心させよう。そう思いましたから、わざと首を伸ばして、おばあちゃんのほうを向いて、にこにこ、にこにこしました。そうしたら、うちのおばあちゃんが私の顔をじいっと見て、にこにこ、にこにこしました。父は何か苦笑いのような顔をして見ています。必死になって、にこにこしておりますうちに、リーンとベルが鳴った。ごとりと列車が動きだした。「さあ、始まるぞ」と思いましたけど、とにかくもう最後までと思って、一生懸命ににこにこしました。そうしたら、うちのおばあちゃんが、私の顔をじいっと見て、片手に日の丸を持って、にこにこ、にこにこしております。2人でにこにこ、にこにこしておりますうちに、列車はホームを出て、見えなくなりました。「ああ、やれやれ」と思いましたけど、なんとなく物足りない。タナカマサキチの母親が、狂乱して別れを惜しんだ。うちのおばあちゃんは、あんなにかわいいかわいいと言ってたのに、最後まで、にこにこしてた。やっぱり産みの母親とおばあちゃんでは、かわいいといってもかわいがり方が違うのかなあ。こんなけしからんことを考えたのは事実であります。正直、そう考えた。しかし、それがとんでもないまちがいであるということに気がついたのは、それからひと月ほどたって、戦地の私に、父から初めての手紙が来ました。その手紙には、こう書いてありました。「祖母は、あれが精いっぱいだったらしく、あの日から1週間、飲まず食わず寝込んでしまわれた。祖母の涙は頬を伝わらずに、胸の中を熱く流れたのだ。ありがたく思え」。その手紙を読んで、思わず声を上げて泣いてしまったのは、私のほうであります。おばあちゃんは必死になって頑張った。孫に恥ずかしい思いをさせちゃいかん。心配をさせてはいかん。一生懸命頑張った。その我慢の糸が切れて、とうとう1週間、飲まず食わず、寝込んでしまった。そんなありがたい祖母の気持ちも知らずに、かわいがり方が違うのかなあなんて考えた自分が恥ずかしくて、悔しくて、思わず声を上げて泣いてしまったのは、私のほうであった。これらが、私が最初に体験した別れであります。

しかし、これは何も特別な別れではない。日本全国いたる所で、これよりももっともっと断腸な別れがあったに違いない。おそらく皆さん方のおじいさん、おばあさん、曾おじいさん、曾おばあさんも同じような別れがあったに違いない。いや、日本の兵隊ばかりではない。我々は侵略の軍隊でありますから、我々を向かい打って自分の国を守るために勇敢に戦った中国の兵士にも、同じような別れがあった。そして、その果てに待っておるのは死である。もちろん、無数の死を見ました。

これから、その死について語らねばならない

ある日、我々は行軍をしておりました。休憩になりました。軍隊では、休憩を小休止と言います。小休止の号令がかかって、我々は道端に腰を下ろして、そして、戦友と話をしていました。もう10センチも離れていない所です。突然、「うっ」と言って前のめりに倒れました。びっくりして、「どうした」。肩を抱いて抱き起こした。弾は、こののど仏の下から入って背骨へ抜けておった。射入口といって、入った穴はぷちっと小さい。射出口といって、出た穴はぽかりと大きいんです。弾は、回転して中の肉をえぐって出ます。もちろん真っ赤な血がどくどくと流れてる。「しっかりせえ」。背中に担ぎ上げて、物陰に転がり込みました。それを合図のように四方から弾が降ってきた。「衛生兵、衛生兵」と呼び、彼の名前を呼んだ。しかし、ほとんど即死の状態でありました。

ところがです。実は彼はまだ運のいいほうであります。死んで運がいいというのはまったく妙な話でありますけど、彼が死んだのは、我々が中国へ渡り、南京の近く江蘇省金壇という町に兵舎を建てて、そこ

にいた時です。そこへ襲撃があった。そこで死んだ。だから、終わった後で、彼の亡きがらを収容して、翌日お葬式をして、お骨を国へ送り返すことができた。

これが作戦とか討伐とかといって、隊を組んで、どんどん、どんどん中国大陸の深い山の中へ攻めて行きます。そこで戦闘が始まる。そこで戦死者が出る。できるだけは連れて帰ってきますけれども、どうしても連れて帰ってこられないとき、この片手の小指を1本、切り取ります。それをこのくらいの木の箱に入れて、白いきれで包んで、その兵隊といちばん仲の良かった兵隊が、胸に吊るして持って帰ってくる。残った体はその場で、その名も知れぬ中国大陸の山の中に、その場で埋めてきます。ですから、厚生省は、遺骨収集は終わったなどと言いますけれど、とんでもない。すでに70年経った今でも、中国大陸の名も知れぬ山の中に、すでに白骨となった片手の小指のない亡きがらが、まだまだ無数に埋まっておる。あるいは南海のジャングルで、あるいはビルマのインパール作戦で。ビルマ駐屯10万人の兵隊が亡くなったのです。

我々はわずか3週間の食糧で3カ月間、山の中を彷徨した。10万のうちの3万が死んだ。その3万が、ほとんどが餓死である。飢え死にである。

今でも、ビルマとインドの間の国境の道を白骨街道というような名前がいまだに残っておる。日本の兵隊の亡きがらが累々と横たわっておった白骨街道と呼ばれている。そういう兵隊でも、やがて遺骨が帰ってきます。村の小学校で合同慰霊祭をやる。遺族は、骨箱を頂戴して帰ってくる。家へ持って帰って、蓋をあける。中に、ころっと小さい骨が入っておればいいほう。石ころが一つ。あるいは、砂がひとつかみ。あるいは、開けてみたけれども、中には何にも入っていなかった。まさに空っぽの骨箱である。そういう遺骨を受け取った遺族の皆さんにとっては、60年経とうが、たとえ100年経とうが、戦争は終わっていない。今でも　ジャングルの奥で、北の空を見て泣いているのではないか。待って待って70年。まだ戦争は終わっていない。これが戦争であるという。

実は、私も死にかけました。ある日、銃を担いで歩いていた。突然、左の胸をものすごい力でぐいとつかまれて、ぐうんと引かれたようなショックを受けました。くるくるっと2～3回、回転して、すてんとひっくり返った。思わず「やられた」、「ああ、本多がやられた」と言って、みんな飛びついてきました。中には慌てたやつがいて、「傷は浅いぞ。しっかりせい」なんて言いました。しかし、気がついてみたら何ともない。ただ、兵隊の服には胸ポケットといってポケットが二つ。それにふたが付いて、金ボタンが一つずつ付いてる。その左胸の金ボタンがちぎれて飛んでる。ふたにぽちっと穴があいてる。それでわかったんですけれど、右斜め上から飛んできて、ボタンを飛ばして、ふたに穴をあけて、脇の下から後ろへ抜けた。その角度が1ミリでも違っていましたら、こうして皆さん方にお目にかかることはなかった。まさに生死、紙一重。剣の上を刃渡りするようにしながら、やっと帰ってきました。

しかし戦場には、実は死ぬことよりも怖いことが一つある。こういうことがあります。ある日、我々は昼食をすることになりまして、飯盒に米を入れて川のそばに行きます。あっ、こんな所で米はとげない。私は引っ返そうとしました。なぜなら、この水を汲もうと思った流れの淵に、たった今の戦争で戦死した中国の兵士の亡骸が、うつぶせになって浮かんでいます。ああ、こんな所で米はとげない。私は引っ返そうとしました。そうしたら、私と一緒に降りていた男が、何を思ったのか片足上げて、その浮かんでる亡きがらをぽうんと蹴りました。水の上に浮かんでいたから、すうっと流れの真ん中へ漂っていく。そのあとに、彼の傷口から流れ出た血や脂が一面中浮いておる。銀色にぎとぎとと光って一面に浮いておる。何をするのかと思って見てみますと、いきなり片手を伸ばして、ざぶん、しゃっしゃっしゃっしゃ。脂は軽いからすうっと分かれて下から水が出てきた。そこへはんごうをざぶんとつけた。しゃっしゃっしゃ、といでいるうちに、またすうっと寄ってくる。またざぶん、しゃっしゃっしゃ。やがて、とぎ終わってすたすたと上がってくる。さすがに私は、それができなかった。とうとう一食抜いてしまった。

しかし、どこの世界に、人間の体から流れ出た血や脂が一面に浮いておる、それを手でかき分けて、そこで水を汲んで、米を洗ってといで、炊いて、それを食う。そんなことが、普通の人間のすることでしょうか。じゃ、それをやった兵隊が、特別異常な男かというと、それがそうではない。やがて戦争が終わって帰ってくれば、その辺を歩いておるおじさんや兄さんである。ごく普通の市民が、いったん戦場へ行くと、とても考えられないようなことを平気でやってしまう。私は、それを戦場の凶器と呼びますけれども、死ぬことよりも怖いことでないかと思います。

これは、日本の兵隊ばかりではない。アメリカの兵隊が、後にベトナム戦争で、やっぱりベトナムのジャングルで同じようなことをやって、やがて戦争が終わって国へ帰った。なかなか社会復帰ができなくて、ベトナム帰りという言葉がアメリカ社会にいまだに残っておる。ベトナム帰り。

しかし考えてみると、きのう戦場でそんなことをやった男が、きょう家へ帰って、ころっと普通の人間に返れるほうが、むしろおかしいのではないか。なかなか普通の人間に返れずに、ベトナム帰りと呼ばれるほうが、むしろまともな人間じゃないのか。何か人間という生き物の底知れぬ恐ろしさのようなものを感じさせる。

どうしても口にできなかった事実

私の戦争を語ってきましたが、実は今日で１２６３回目、１００回目くらいまでどうしても口にできなかった事実が一つあります。何でも本音で語る。事実を語る。そう言っているけれども、これだけはとてもとても語れない。恥ずかしくて、悔しくて、とてもとても口にできないと思っていた事実が一つあります。しかし、１００回目くらいから、お前はそれを語らなかったら、ほんとうに自分の戦争を語ったことにはならないのではないか。何かこう、格好のいいこと、都合がいいことだけ言って、それを語らなければ戦争を語っておらんぞという内なる声のようなものが聞こえてきて、とうとう口にしてしまった事実が一つあります。これはもう何べん語っても、恥ずかしく、悔しく、切ない。しかし、あえてやはり語らねばならん。

実は、ある日、我々の部隊は、10人ほどの中国の兵士、捕虜を連れて歩いていました。突然、四方から弾が降ってきた。とても捕虜を連れて歩くような状況でない。隊長は当然離してやれ、そう言うだろうと思いました。ところが、うちの隊長はただ一言、「処分せい」。処分しろ、つまり殺せということです。10人ぐらいの捕虜を銃剣で取り囲んで、１人ずつ川のそばへ。水車小屋を背にしてこちら向けに立たせる。後手に縛り上げて、身動きもできないようにして、こちら向けに立たせる。10メートルぐらい離れたところで、兵隊が銃剣を構える。ヤヤッ、ダダッと行ってぐさりと突いて引く。そのまま横倒しに倒れて、川へ落ちて流されて。そういう時、そういうことをやらされる兵隊というのは、いちばん年の若い、いちばん階級が下の兵隊です。私は中国へ渡ったばかりでしたから、それを命ぜられた。しかし、これもまた、どこの世界に、後手に縛り上げて身動きもできない、柱に縛りつけられている相手を手に持った銃剣で、胸を突き刺して殺す。いくら戦争でも罪は罪。「できません、私にはそんなことはできません」。もしその時、私がそれを断ったとしますか。軍隊には法律があります。陸軍刑法、兵隊が守るべき法律です。この陸軍刑法の中でいちばん重い罪、抗命罪。上官の命令に抵抗した罪、言うことを聞かなかった罪。これは陸軍刑法の中で最も重い罪。その抗命罪の中で、さらに最も重い罪、敵前抗命罪。敵の前で上官の命令に抵抗した罪、敵前抗命罪。うちの隊長が、腰のピストルを抜いて、私をずどんと撃ち殺しても当然である。つまり、殺さなければ殺されるという状況であったわけです。とうとう私は、それをやってしまった。10メートルぐらい離れたところで銃剣を構える。もう向こうの人は真っ青な顔をして、じいっと私の顔をのぞき込んでいます。命の極限の表情というのは、ああいう表情なのか。じいっと私の目をのぞき込んで、にやっと笑ったような何とも言えない表情です。思わず目をつむって、だだっ、ぐさりと突いて引く。そのまま川へ落ちて流されていく。しかし、その瞬間に焼きついたその人の表情は、70年たっても消えない。今でも、夜中に、あっと叫んで跳ね起きることがたびたびあります。それはあの片手の小指のない亡骸と同じように、私の心に深い傷となって残っております。

もう94歳、あと1年か2年で土の中に入らなければならない。その心の傷を抱いたまま、土の中に入らなければならない。実に恥ずかしく、悔しい。無念です。私にそれを命じたのは、私の隊長であり、しかし隊長の上には隊長がおり、その上には司令官がおり、軍隊はこういうピラミッド型でありますから、いちばん上はただ1人であります。私をして、その罪を犯させた者、それはそのいちばん上のただ1人。私は彼の声を聞いたことはないけれども、私にその罪を命じた責任は、そのいちばん上のただ1人。彼が死んで、その息子がその位置を継いだとしてもです。その位置を継いだ者は、その責任も継いでもらわなければならない。そう思っています。猛烈に怒っています。もちろん命ぜられてやったんだから、私に責任がないとは申しません。私は実行犯である。殺人犯である。もし、その人の家族が目の前に現れて、私に罪を問うなら、たとえ八つ裂きにされてもやむをえないと思っています。

事実、一昨年、私はその現場へ行き、たくさんの村の人の前で、それを告白しました。今にも村の人たちの中から、私の父が、私の兄がという人が現われないとも限らない。とても恐ろしかった。恐怖で真っ青になった。涙を流し続けていました。しかし、幸いにして、幸いにして、その村の人たちは実に優しかった。私のそばへ寄って、「いいよ、いいよ、本多さん。よく来てくれた。よう告白してくれた。もうあなたは私の朋友です、友人です」。優しい村の人の前で、私は涙を流し続けました。しかし罪は罪。やがていつかは、必ずそのいちばん上の人にも責任を果たしてもらわなければならないと考えております。これが私の戦争体験であります。

二・二六事件に遭遇

そういう戦争体験を持った者が、では今日の社会を見てどう感じるか。それを最後に一言申し添えて終わりたいと思います。私は、１９３４年から39年までの5年間、東京で一人暮らしをして、新聞社に勤めておりました。この5年間の間に、日本現代史上最大の事件が東京で起こった。１９３６年2月26日。いわゆる二・二六事件であります。私はあの時、その現場におった。今でも家でこの話をしますと、うちの孫が「おじいちゃん、二・二六事件の時にいたの」といって、まるで化石を見るような目で私を見ますけれども、あの時、私は二・二六事件の時に現場におりました。あの二・二六事件の時に、反乱軍という軍隊が首相官邸や警視庁を襲撃して、当時のマスコミの中で、ただ1社襲撃したのが、私が勤めておった東京朝日新聞社なのであります。ですから、私はその真っ只中におった。あの朝、私は淀橋の下宿におりました。朝早く、上司の奥さんから遣いが来て、「何か、事件が起こったらしくて、主人は、今日は帰ってこられないそうですから、下着の替えを持っていってやってください」と風呂敷包みも預かって、はいと答えて一歩出た。出てびっくり、一面の銀世界、大雪であります。市電はストップ、こりゃいかん。風呂敷包みを抱えて成子坂を越えて、新宿、四谷。で、四谷見附から堀端をこう有楽町へと思いましたら、その堀端のところに、ぴしゃっと歩哨（ほしょう）線を引いて、兵隊が銃を構えて一歩も中へ入れない。何事が起こったんだ。取って返して、新橋から銀座へ出て、銀座から有楽町と思いましたら、そこもまたぴしゃっと歩哨線を引いている。背伸びをして見ますと、私の毎日通っておる職場の前に、兵隊が重機関銃を添えて、雪の上に腹ばいになって狙いを定めている。すでに一連射撃ったらしく、だあっと建物に弾痕が付いて、玄関の厚いガラスが木っ端みじんに砕けている。いや、それを見たときの驚き、そして恐怖、そして怒り。あろうことか、自分の職場に軍隊が銃弾を撃ち込んだ。中で仲間が死んでいるかもしれない。なんてことをしやがるんだ。がたがた体を震わせて、真っ青になって、涙をこぼしていた自分を思い出します。

ところが、それから50年たった同じ朝日新聞阪神支局、小尻記者の事件というのが起こりました。夜中に目出し帽をかぶった男が、支局の事務室へ入ってきて、銃を乱射して、小尻記者が死に、同僚の記者が重傷を負った。あの事件の時に、朝日新聞が私のところへコメントを求めてきました。私はこう答えた。「今から50年前、あの二・二六事件の朝、本社の前でがたがた震えながら涙をこぼしていた自分の後ろに、実は黒山の群衆がいた。あの銀座界隈の町の人たちが、怖いもの見たさで集まっていたわけであります。黒山の群衆がいたけれども、それがまるで息をするのもやめてしまったように、しいんと静まり返って、まさに沈黙の群衆であった。みんな腹の中では、何てことをしやがるんだ。国を守ってくれるはずの軍隊が何てことをするんだと大きな声で叫びたい。しかし、一声でも叫んだら、隣に私服の憲兵や警官、刑事がいないという保証はない。いきなり襟首つかまれて、引きずり出されて放り込まれてしまう。治安維持法という法律の下、それができた。つまり、声を挙げたくても挙げられない群衆であった。しかし、50年後の今、この小尻記者の事件の時、今なら声を挙げようと思えばいくらでも挙げられる。声を挙げようと思えばいくらでも挙げられる時に、声を挙げないのは、むしろ罪というべきではないか」。朝日新聞社はそれを記事にしました。しかし、それからまた15年、とうとうあの事件は時効になってしまいました。その15年の間に、だんだん、だんだん世の中が変わってきた。周辺事態法、イラク特別措置法、個人情報法。やがてはっと我に返ったときには、あの二・二六事件の群衆と同じように、声を挙げたくても挙げられない群衆のひとりにされてしまっているのではないか。あの二・二六事件の現実をこの目で見た私にとっては、非常に恐怖を感じます。あの二・二六事件、この１９３６年の時には、まだあの時の日本人、誰一人、アメリカ、イギリスと戦争するなんて誰も考えていなかった。大陸で戦争はあるけれども、まさか世界を相手にアメリカ、イギリスと戦争するなんて誰も考えていなかった。

ところが、それからわずか5年、１９４１年12月８日。第二次世界大戦の始まるまでわずか5年。５年間の間に、急坂を転がるように戦争に突入していった。二・二六事件の時には誰も考えていなかったのに、41年には鬼畜米英、東洋平和のためならばということになってしまった。その5年間の道を70年後の今日、まさに同じ道を今、歩かされているように思われてなりません。やがて、はっと我に返った時には、あの戦争当時の、ものを言いたくても言えない群衆の1人にされてしまっているのではないか。先の長い若い皆さん方にとって、大変に心配になります。これからどうしたらそれを防ぐことができるかということについても、みんなで一緒に考えていきたいと思います。

最後に一言、これは特に女性の皆さんに申し上げたいことが一つあります。実はあの戦場で、私の腕の中で血みどろになって死んだ男が３人ほどおります。その男たち、いよいよ最期のとき、いよいよ最期のときに、みんな同じことを言う。だんだん息が細くなってくる。声のかぎりに衛生兵、衛生兵というふうに彼の名前を呼ぶ。しかし、いよいよ最期のときです。必ず呼ぶのは「母ちゃん」。天皇陛下万歳なんか誰も言わない。皆、呼ぶのは母親の姿なのであります。いよいよ人間最期のとき、自分をこの世に産んでくれた母親の顔が目の前に浮かんでくる。つまり、女性とは命にとってそういう重い存在であるということを、近ごろの新聞記事などを見ますと、忘れているのではないかと思われます。しかし、こういうところで勉強される諸君は、まあ釈迦に説法かもしれませんけれども、そういう事実があったという、女性とはそういう存在であるということをお伝えして、終わりたいと思います。

ご清聴に感謝します、ありがとうございます。

＊本多立太郎さんには、2008年以前に何度も戦争体験の語り部として協力いただきました。2010年6月、享年96歳で、亡くなられました。

私の終戦時の迎え方

荒木昭夫（２００８年証言）

１９４５年８月15日正午。私は京都駅の待合室にいました。14歳４カ月でした。２つ年上の近所の遊び友だちと、午前中はさんざん遊んで、それは、これで一生会えないか、との別れを惜しんでの最後のじゃれあいとなってしまいました。その後、２人は、時計を見計らって、市電に乗って、正午前に京都駅に着いていました。彼は、愛知県知多半島にある軍需工場で働いていました。京都第三中学校の5年生でした。実はその数日前、その工場はB29の爆撃で、壊滅的な破壊を受けて、工場の作業がしばらく停止、となったので、ほんの2、3日という休暇をもらって京都へ帰って来ていたのです。駅の待合室は超満員でみんなが立っていました。何か放送があって、それが天皇の「玉音放送」だとはすぐ分かりましたが、何を言っているのかは、何も分かりませんでした。いや分かっていました。それはもう、「興国の興廃この一戦にあり。各員一層、奮励努力せよ。今こそ、一億一心火の玉だ！」…に決まってる、と思ったから、それ以上はなにも思わず、改札口で手を振って、友と別れて家に帰りました。

その日の夕方6時に、四条高倉、京都大丸の地下室に出勤しました。つまり私も勤労動員で、立命館第二中学校3年生で、そこで戦闘機の部分品を造っていたのでした。出席点検のあと、「今日は仕事しない。明日、また同じ時間に、ここへ来い」と伝えられました。翌日、その通りに出勤しました。その時、向こうからやってきた電車に電燈が点いているのです。「あれ、あんなこと。電気点けてたらアカンのに？」と思いましたが、見回してみると、こちらの電車にもちゃんと電燈が点いているではないですか。「へー、電気、点いてるやん。これってやっぱり、戦争は終わってるんや!」と理解したのです。つまり私は「終戦」を1日遅れで確認したのです。と、同時に、「もう死なんでもええ」という感慨がこみ上げてきました。それならこれから、好きなことができるんや!とも。

生い立ちを振り返る

私は3歳で母を亡くしました。というより、母は「この子を産めば母体が危ない」という状況で、「死んでもいいから、この子を産みます」と決意して、「お前が生まれてきた」と父が私に、何回も説明していました。その母の病状の前後から、ずっと付き人として付いていた女性が、代わって私を養育してくれていました。実の母からも「後を頼む」と託していたのでしょう。その義母の命も2年しかもちませんでした。その後父はもう再婚しませんでした。だから私は、「死ぬってなに?」「死んだらどうなる?」という「哲学」はこの環境の中で、怯え、脅かされ、育まれ、慰められ、励まされて、生きて来ていました。それは不幸ごとであったのでしょうか。幸せであったのでしょうか。常に「死」を意識した環境であったことは、今に至っています。

祖父は明治4年(1871)美濃大垣の生まれです。稼業は油屋でしたが次男坊だったから、早くから京へ上りました。京友禅の丁稚となり、刻苦勉励したのか、青年時で「のれん分け」を頂いて、一人立ちして「染屋」を始めました。明治34年(1901)、父が生まれました。つまり日清戦争と日露戦争の真中の生まれです。天皇家祐人(ヒロヒト)氏と同年です。祖父は、その下に3人の男と3人の女を産ませて大正11年(1922)、51歳で他界しました。その後を父が受け継ぎます。父21歳の時でした。下に6人の弟妹がいます。私の人生にまつわる様々なことは、この時から始まっていたのです。

ところで「染屋」、「京友禅染屋」とは、図柄を描く絵描き、染め上げる工場の染職人、染め上げた着尺を売る商行為の三位一体の業務に精通していなければ立ち行きません。そのことも簡単なことではないでしょうが、折しも昭和３年（１９２８）アメリカ・ウォール街から始まる恐慌、我が国に渡って来て、昭和４年（１９２９）世界恐慌の嵐が被さって、倒産します（父29歳）。父は「戦争は嫌いな人」でした。祝日にも表に日の丸の旗を出すのを嫌がってました。だからそれは、小さな私の仕事となっていました。父は、兵隊検査で「第二乙」で兵にならないことを喜んでいました。父の弟妹、つまり私にとっては叔父・叔母たちが、私を捕まえては「お父さんのことは、他の人に言うたらあかんで！」と強く口止めされていました。そして我が家は、貧乏でした。仕事の無くなった後は、時間ができたのでしょうか、父は「エスペラント」をやっていました。これは世界の平和を「希望していた」ことの証であり、「ひそやかな主張」だったのでしょう。

そのエスペラント運動は、「世界の平和運動」として、大本教の中にとりいれられ、普及されていきました。昭和10年（１９３５）治安維持法が猛威を振るいます。我が家には「大本教」の祭壇が作り込まれていて、中心の祭神は天照大神としてまつられていましたが、突如「怖い人」たちがどかどか上がり込んで来てその祭壇をもち去ったのです。私は４歳でした。たたみ敷きの玄関を、靴のまま上がり込む、なんて、それまで考えたこともなかったのですが、目の前を巨大な靴がどかどかと通り過ぎるのを、ふるえながら見ていたことは、いまだに忘れません。なぜそんなことになるのか。今考えて分かることですが、それは大本の祭神がアマテラスであり、天皇家の大本（オオモト）の祭神が、アマテラスであるから、「万世一系の天皇家」の存在であるためには、同じ神が在野にあってはならない、という理論だったのでしょう。我が家にも直接の「思想統制」が飛び込んできたのです。そして翌々年。昭和12年（１９３７）日中戦争が始まりました。父は大阪で町工場を開きます。あんなに戦争を嫌がっていたのに、今は、兵器の部分品を政策する小さな小さな町工場を開く。もはや、否応なく、巨大な軍事産業に組み込まれていたのでした。

〔注釈：エスペラントとはキリシタン語で、「希望する人」の意味。創始者は帝政ロシア時代のポーランドの眼科医・言語学者。名はザメンホフ。ロマンス語（俗ラテン語から諸国へ派生した、フランス、イタリア、スペイン、ラテンアメリカなどの言語）を統合した国際語。1887年公表。1906年（明治39）日本エスペラント協会ができた。（広辞苑）〕

牢屋の中の人の話

そして1945年3月が来ます。大阪空襲です。「お父ちゃんの仕事場は焼けたらしい」というウワサが親戚筋から入ってきました。「けど、お父ちゃんは生きてはいるらしい。探しに行ったら…」とも伝えられました。3月の休みに入って、5歳年上の姉と出かけました。幸いにして、探しあてました。その夜、仮住まいで居た父と過ごしました。その時、父はそっと口を切りました。「あのな、牢屋にいる偉い人が言うたそうや。もうすぐ戦争は終わるって。」私は一瞬喜びました。そして父は続けます。「日本が負けて」。私はとっさに父を指し「お父ちゃんは非国民や！」と指弾したのです。父はそれっきり、一言も口をきかなくなりました。ずっと。今にして思えば、「しまった！言うのではなかった！」たとえ、自分の子であったとしても。この言葉は外へ流れる。との悔恨であったのでしょうか。

戦後、児童演劇の道へ

終戦の後、「もう死ななくて良い」と分かったからには、これから後は「好きなことをしよう」という思いは強くなりました。私を「演劇」に向かわせたのは、８歳から見ることになった、宝塚少女歌劇の力です。５歳年上の姉の誘いでした。ごく最近、聞き知ったことですが、その姉が宝塚を知ったのは、我が父からで、我が家の女家族、自分の３人の妹と娘、つまり姉たちに宝塚少女歌劇の切符を買ってきては、配っていたとのことでした。「へえ？　これも父の気遣いだったのか」と懐古しますが、私の「宝塚」も、確かに私の「癒しの世界」でした。そして、私の心を捉えたものは、今でも忘れてはいません。その作品は10歳ごろに集中しています。即ち、「ピノチオ」（宝塚での題名）。人形師ゼペット爺さんに造ってもらった、ピノッキオ。ご存じの物語です。可愛いピノッキオ。でも嘘を吐くと鼻が伸びる！　これを怖い！と思いました。ああ、また鼻が伸びるかもしれない！　ずるいキツネに騙されるかもしれないし、売り飛ばされるかもしれない。そして最後はロバにされるのかも…と。また例えば、「歩く」という詩がありました。それがテーマの「ショウ」があったのです。

〔作　北村喜八　『歩く』　歩く歩く歩く。♪　歩け、歩け、あるけ、歩け。東へ、西へ、歩け　歩け。南へ、北へ、歩け　歩け。道なき道を　歩け歩け。〕

いまだに、この歌詞を覚えていて、忘れません。初めて聞いたのは10歳。時は昭和16年（１９４１）、太平洋戦争勃発の年。「東」はハワイ、アメリカ。「西」は中国。「南」は南洋、「北」は満州、シベリヤか。いやカムチャツカ、・アッツ島の意味だろうかと解釈していました。

戦後、文工隊時代では、オルグ活動の自らを鞭打つ歌として、私には「有効」でした。「親と子の劇場」運動時代、１９７０年代、これは有効な励ましの歌となったのです。

〔文工隊：文化工作隊の略称。戦後の民主化運動の中で演劇などの文化活動を地域住民に啓蒙し社会的問題を啓発する活動。現代でも活動が継続されている、２００８年に米軍艦載機の移転問題に揺れた岩国市内で劇団はぐるま座文工隊による仮面劇「岩国売国物語」がおこなわれた。岩国をめぐる日米関係を描いた風刺劇に注目が集まった。〕

〔オルグ活動：(organizer) オーガナイザーの略。劇団の主催者として地域に宣伝に入り観客を動員するだけでなく、子どもに演劇活動などの文化活動の機会を与えるために母親達が自主的に活動するように働きかける。〕

靖国ではなく、極楽浄土で

少し戻って、宝塚歌劇、戦中、最後の舞台について触れておきます。昭和19年（１９４４）春で、大劇場は閉鎖されました。最後の作品は「海軍」。国威宣揚の物語でした。その後は風船爆弾の風船つくりの工場になったと聞きますが、もう一度「宝塚を見て死にたい」というファンの声に押されたのか、大阪梅田の北野劇場（現在の梅田芸術劇場か？）で、月、雪、花組合同の、「西遊記」が上演されました。我が家では、どこで、どうして、手に入れたのか、姉が2枚のチケットを握り締めていました。私は中学2年生で、前日教師に向かって、「明日は病気で休みます」と胸を張って告げ、「宝塚の最後」に、最期の別れの時を待ちました。

さて、「西遊記の終わりの場面」までできました。三蔵法師とその一行、孫悟空・猪八戒・沙五条は、舞台一杯に造られた大仏如来に向かって進むのです、ああ、この一行も見納めでしょうか。こうして如来に救われるのですか。では私はどうなんでしょう。私を待っているのは、靖国ではなく、この仏教の如来様であって欲しい、という感慨が湧いて出ていました。やはり私は、仏教徒だったのでしょうか。

＊荒木昭夫さんは、第４回佛教大学原爆展でくらしコープ高齢者協同組合の一員として証言して下さいました。

第２章
平和でつながる“縁”原爆展

第２章から第４章は、佛教大学社会福祉学部・企画「平和でつながる“縁”原爆展」の記録を主に収録しています。

原爆展の歴史について

現在、原爆展や戦争展が各地で開催されていますが、その歴史は京都での取り組みが最初でした。しかも、戦後まもなくアメリカ占領下での開催でした。2010年の佛教大学原爆展での、川合一良医師（元京都南病院院長・核戦争防止・核兵器廃絶を訴える京都医師の会副代表、原爆展掘り起こしの会代表）による講演から、原爆展の歴史を紹介します。川合一良医師は、京都大学医学部の学生として、占領下の原爆展の開催に尽力しました。

占領下の綜合原爆展

日本がまだ米軍の占領下にあった1951年、7月14日から10日間、世界で初めての原爆展が京都で開催されました。京都駅前の丸物百貨店（現在の京都駅前にあるヨドバシカメラ店の場所）を会場に京都大学同学会（全学学生自治会）が主催した「綜合原爆展」です。その後、枝分かれするように各地の大学や地域でさまざまな原爆展が開かれていきました。当時の学生や教官たちは公職追放の危険も覚悟して取り組んだことが『占領下の原爆展』（かもがわブックレット、1995年）に記されています。1960年に世界平和評議会から「平和賞」を受けました。

1947年の京大春季文化祭で行われた小原爆展で原爆の恐怖を初めて知った京大の学生たちが、この事実を広く市民に伝えようと決意し「綜合原爆展」に発展しました。戦後、小原爆展は地域や大学で開催されていました。1950年2月、丸木位里・赤松俊子夫妻が、東京のアンデパンダン展で「原爆の図」を展示、翌年11月までに全国51ヶ所で巡回展示を行っています。主催者が逮捕されるなど様々な弾圧があった中での開催でした。その他、宇治市民会館、京大宇治分校、同志社大学、京都工芸繊維大学や京都学芸大学、神戸大学姫路分校等での開催の記録が残されています。京大の綜合原爆展では、事前に３名の学生が広島で資料収集を行い、全学部で作成したシナリオに基づく１９０枚ものパネル*1が展示されました。丸木位里夫妻の「原爆の図」も展示されました。

当時、大学当局から国有物品、実験器具、標本の持ち出し等厳禁の通達が出されていました。資料提供に応じた教官は「この資料提供には相当の覚悟が必要だった。私のところにも、占領当局から資料提供はおまえの責任でやれといってきた。その意味は、軍の秘密に触れて問題になった場合にはおまえを捕らえるぞということだ」と脅迫されたことを打ち明けていました。占領下にあった中での開催は、学生や教官が大学から追放される危険性がありながらやりとげた原爆展だったのです。*2

*1 医学部：原爆が人体に及ぼす影響、理学部：原爆の原理、農学部：原爆が農作物に与える影響、文学部：原爆に関する詩や小説の紹介、法学部：原爆投下をめぐる世界の動き・原爆国際管理、経済学部：原爆の生産機構、工学部：パネルとパノラマ作成

*2 第24回「核戦争を防止する岡山県医師の会」総会における記念講演「１９５１年の『綜合原爆展』をめぐって」（２０１０年４月29日）より

第1回　2005年7月5日〜7日

〔テーマ〕

戦後60周年記念　原爆展

60年前の広島・長崎で何が起こったか、あなたは知っていますか？

〜皆で平和について考えてみませんか〜

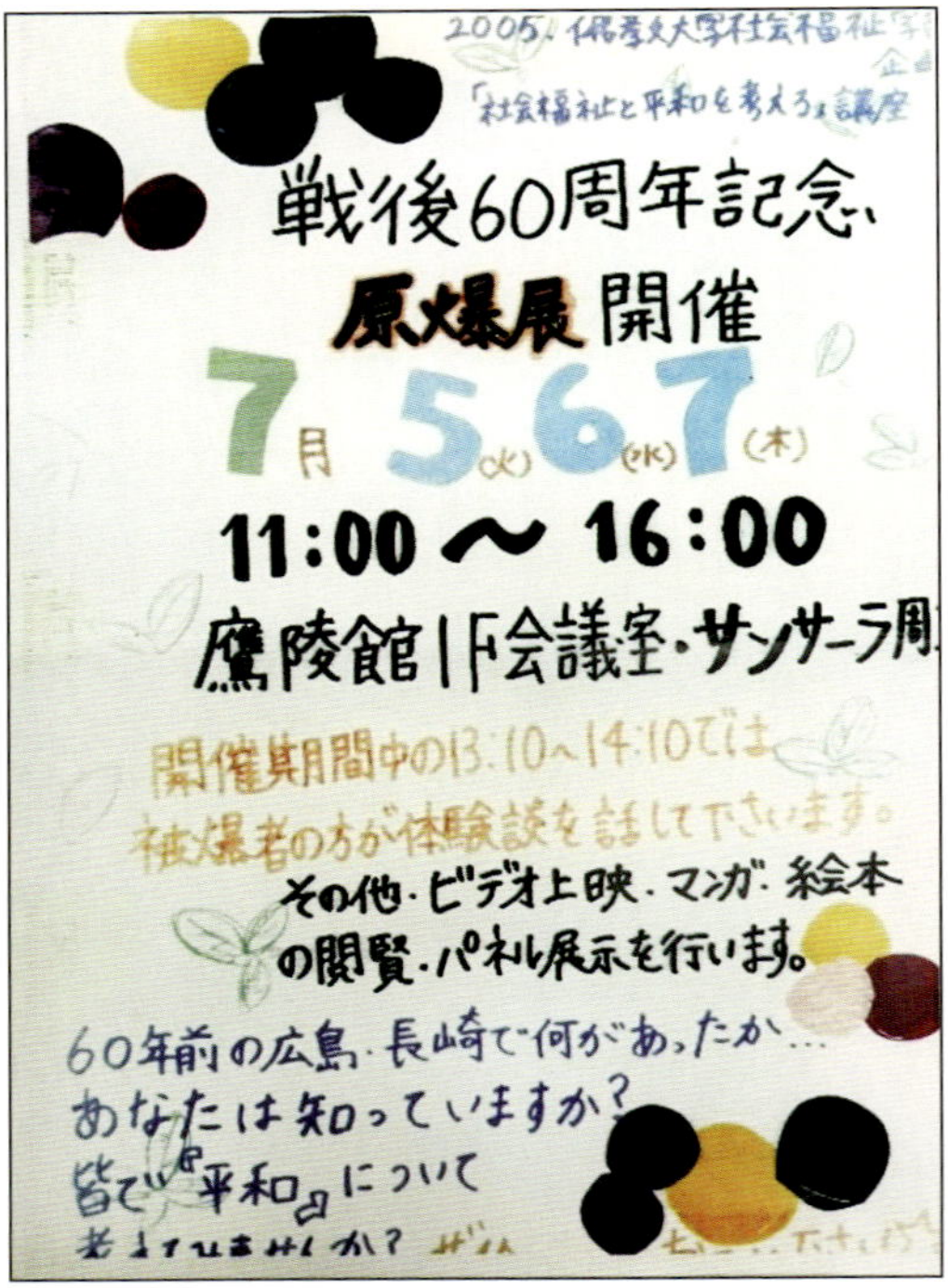

〔企画〕

＊被爆証言
真柳タケ子さん、Y・Nさん

＊平和を考える写真展　NO WAR KNOW WAR

＊パネル・ポスター展示

＊学生達が平和への想いを込めて作った絵本『ようすけ君の夢』、マンガ、詩の展示

＊広島・長崎の原爆資料のビデオ上映・平和活動の紹介（みんなの声）

第2回　2006年7月4日〜5日

〔テーマ〕

社会福祉と平和を考える講座・平和を考える写真展

〔企画〕

＊被爆証言
小高美代子さん、真柳タケ子さん

＊展示
原爆パネル
絵本・資料

＊折鶴コーナー

6月7日〜11日
絵本『ようすけ君の夢』原画展
於　ギャラリーかもがわ

＊被爆証言
小高美代子さん、米倉慧司さん

＊絵本『ようすけ君の夢』原画の展示

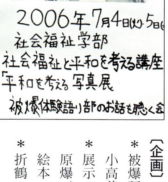

第3回　2007年7月3日～5日

〔テーマ〕
No War Know War ～語り継ごう　平和への想い～

〔企画〕
＊被爆証言
真柳タケ子さん、大坪郁子さん、永原誠さん
＊被爆パネル展示、写真展示、絵本の展示
＊折り鶴コーナー

第４回　2008年7月8日～10日

〔テーマ〕
目を背けてはならない真実がある

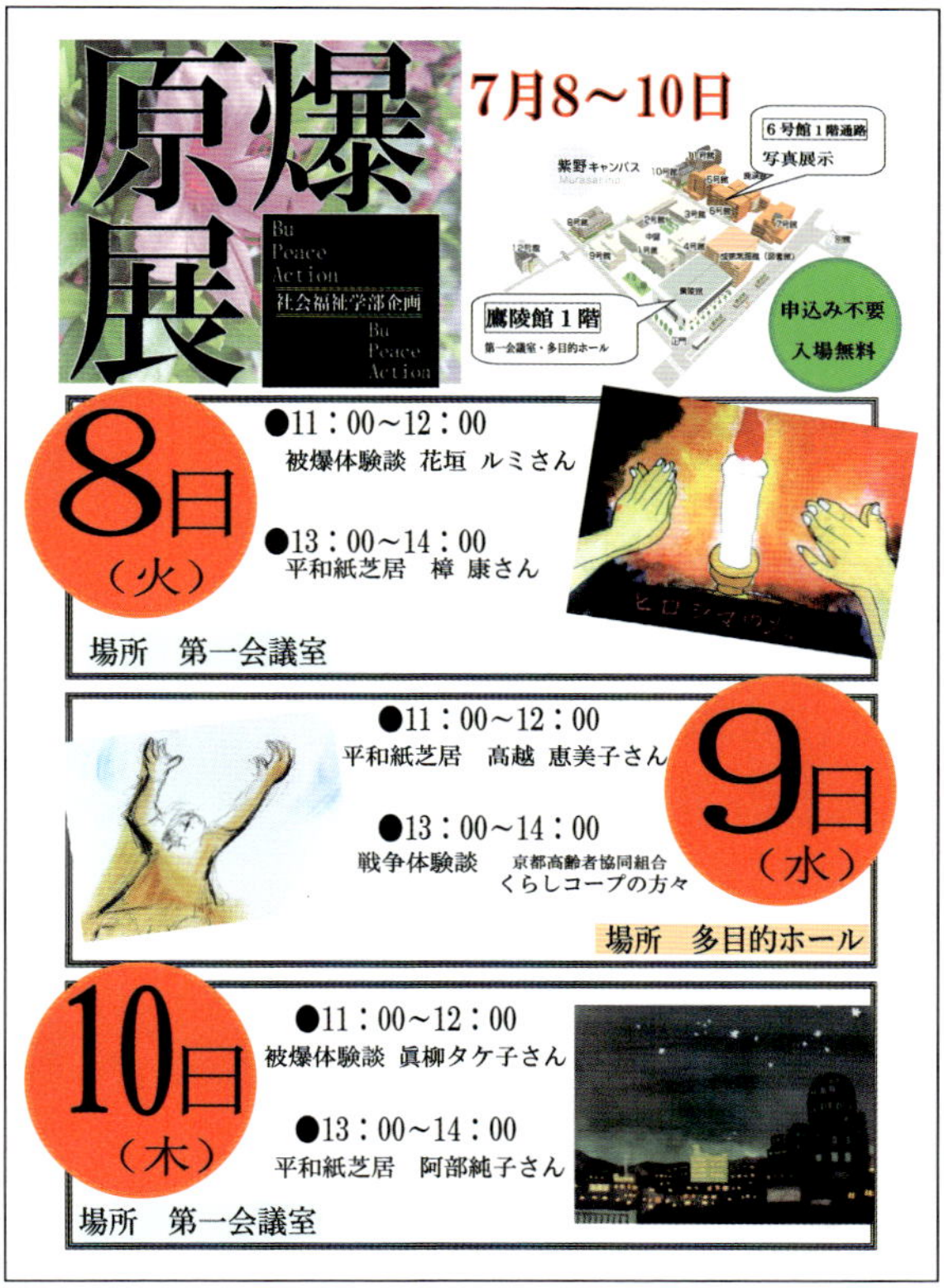

〔企画〕
＊被爆証言
　花垣ルミさん、真柳タケ子さん
＊戦争（空襲）体験
　くらしコープ高齢者協同組合岡本康さん、荒木昭夫さん他
＊平和紙芝居の上演　樟康さん、高越恵美子さん、阿倍純子さん
＊原爆パネル写真展示
＊ビキニ水爆実験について展示（学生報告）
＊原爆症認定集団訴訟について展示（学生報告）

第5回　2009年6月29日〜7月2日

〔テーマ〕

佛大発信　やったろうやん！　核兵器も戦争もない世界に！

原爆や戦争を知った一歩前をめざそう！！

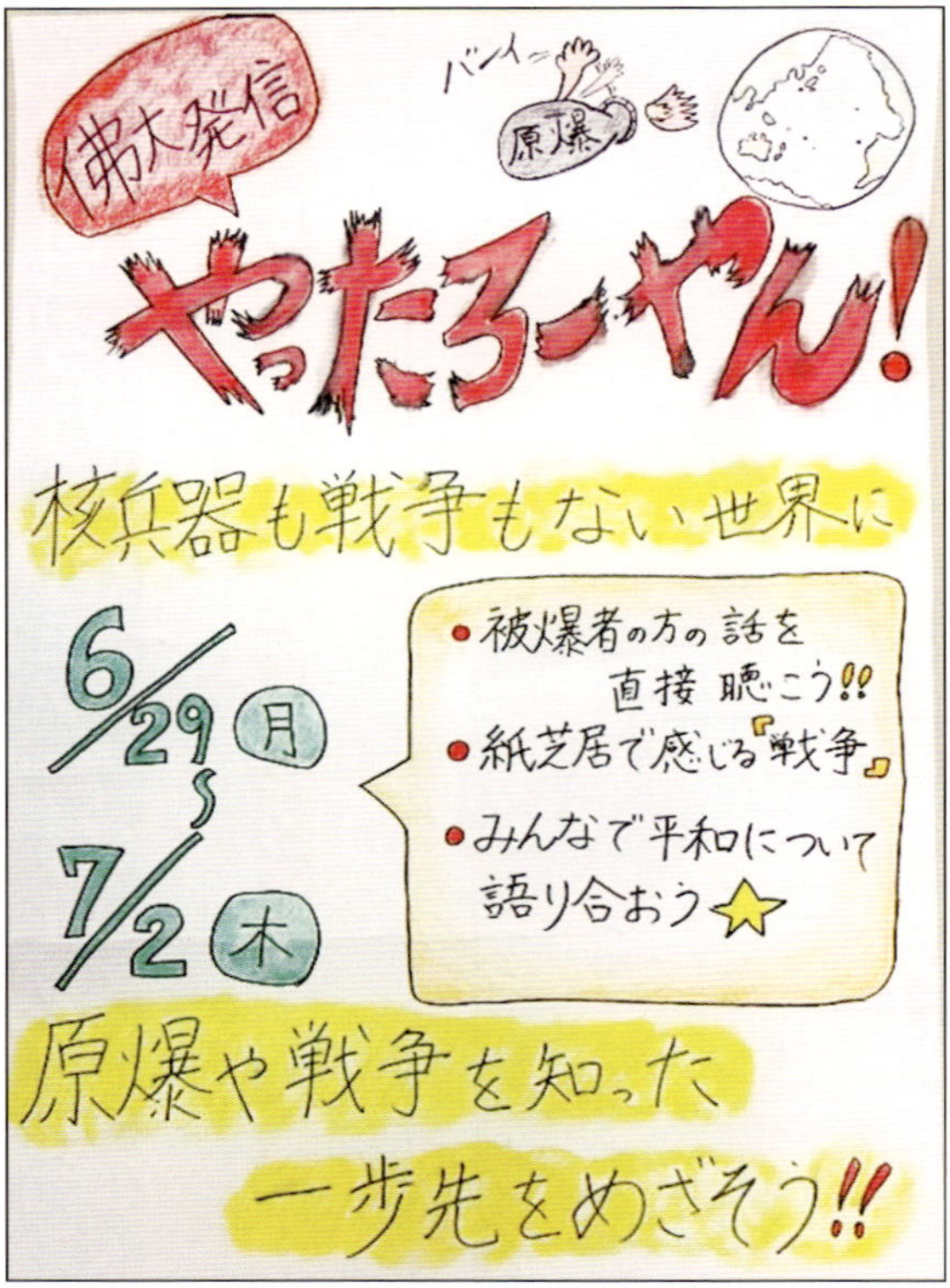

〔企画〕

＊被爆証言
真柳タケ子さん、小高美代子さん、花垣ルミさん

＊戦争体験
高齢者協同組合員

＊平和紙芝居
高越恵美子さん、吉田穂高さん

＊展示
原爆パネル
絵本・資料

＊折鶴コーナー

第6回　2010年7月5日〜8日

〔テーマ〕

平和でつながる〝縁〟プログラム
京都佛大から世界へ　わたしたちにできること

〔企画〕

＊被爆証言　花垣ルミさん

＊講演「沖縄戦とはなにか〜住民を巻き込んだ地上戦〜」謝花直美さん（沖縄タイムス記者）

＊講演「原爆展の歴史〜占領下の原爆展」川合一良さん（元京都南病院院長）・共に占領下の原爆展に取り組んだ村井歌さん（反核医師の会）も証言

＊ＤＶＤ上映「南京　引き裂かれた記憶」

＊原爆パネル・沖縄戦パネル展示

＊占領下の原爆展パネル展示

＊リトルボーイ模型展示（学生制作）

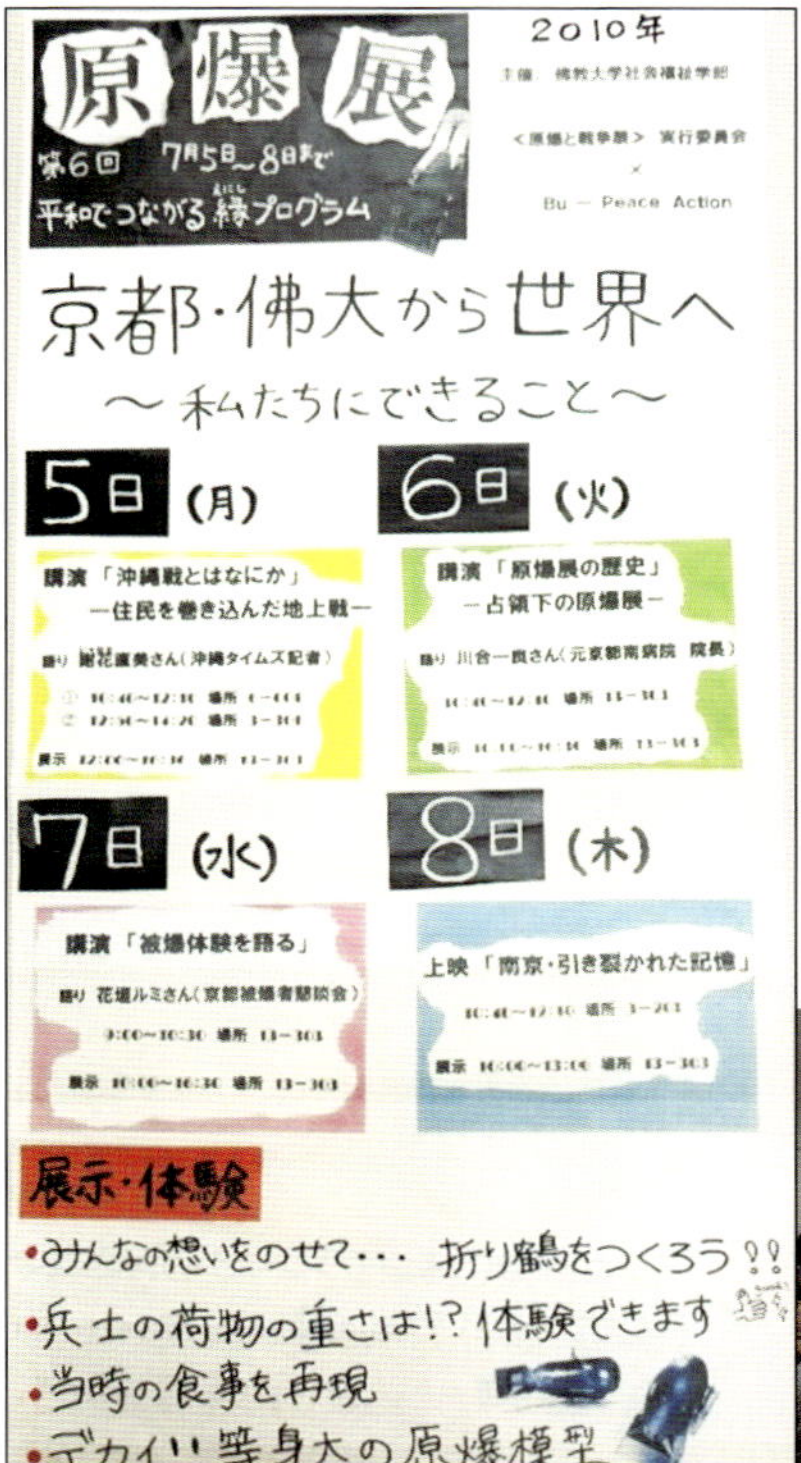

第7回　2011年7月5日〜8日

〔テーマ〕

平和でつながる〝縁〟プログラム
ノーモアヒバクシャ　「原爆と原発　〜想いをつなぐ〜」

〔企画〕

＊被爆証言　花垣ルミさん、真柳タケ子さん

＊講演「私たちのいのちとくらしにつながる〜原爆と原発〜」諸富健さん（市民共同法律事務所弁護士）

＊講演「科学・技術の歴史から考える〜原爆と原発〜」山崎文徳さん（日本科学者会議・関西平和問題研究会事務局、立命館大学非常勤講師）

＊映画上映「ひろしま」

＊原爆展パネル展示

＊福島支援コーナー・しんち福祉会・特別養護老人ホームの目黒寿彦さん（2003年佛教大学社会学部社会福祉学科卒業）からの状況報告と現地写真を展示。収束しない福島の状況を考え、福島の人たちへ支援の思いも込めて、震災支援のために被災地へ送るうちわ作り。

＊来場者の核兵器廃絶へのメッセージを、ノーベル平和賞を受賞したオバマ大統領へ送付。

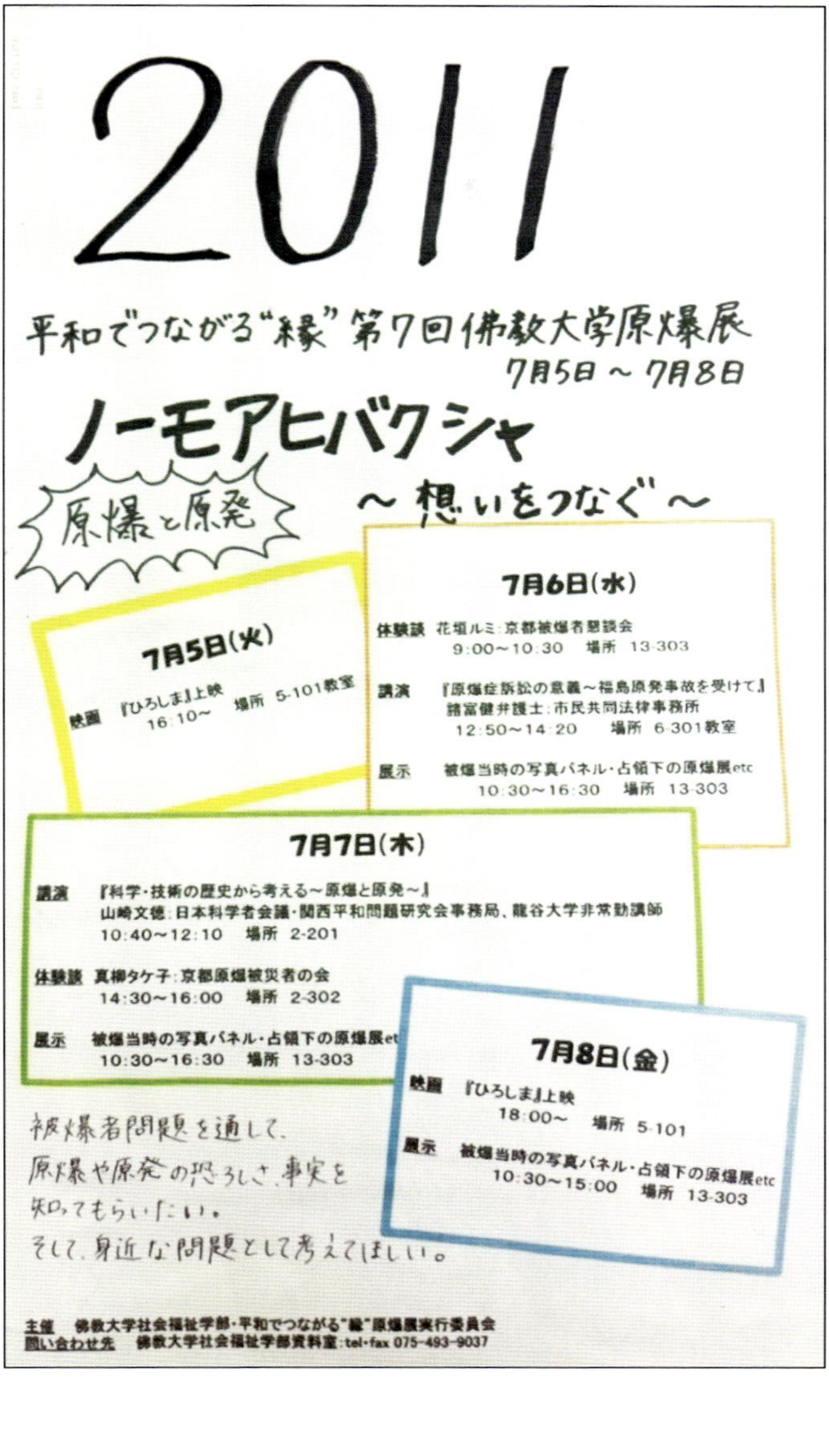
2011
平和でつながる"縁"第7回佛教大学原爆展
7月5日～7月8日
ノーモアヒバクシャ
原爆と原発
～想いをつなぐ～
7月5日(火)
映画　『ひろしま』上映
16:10～　場所 5-101教室
7月6日(水)
体験談　花垣ルミ:京都被爆者懇談会
9:00～10:30　場所 13-303
講演　『原爆症訴訟の意義～福島原発事故を受けて』
諸富健弁護士:市民共同法律事務所
12:50～14:20　場所 6-301教室
展示　被爆当時の写真パネル・占領下の原爆展etc
10:30～16:30　場所 13-303
7月7日(木)
講演　『科学・技術の歴史から考える～原爆と原発～』
山崎文徳:日本科学者会議・関西平和問題研究会事務局、龍谷大学非常勤講師
10:40～12:10　場所 2-201
体験談　真柳タケ子:京都原爆被災者の会
14:30～16:00　場所 2-302
展示　被爆当時の写真パネル・占領下の原爆展etc
10:30～16:30　場所 13-303
7月8日(金)
映画　『ひろしま』上映
18:00～　場所 5-101
展示　被爆当時の写真パネル・占領下の原爆展etc
10:30～15:00　場所 13-303
被爆者問題を通して、
原爆や原発の恐ろしさ、事実を
知ってもらいたい。
そして、身近な問題として考えてほしい。
主催　佛教大学社会福祉学部・平和でつながる"縁"原爆展実行委員会
問い合わせ先　佛教大学社会福祉学部資料室:tel・fax 075-493-9037

第8回　2012年7月4日～6日

〔テーマ〕

〝縁〟未来に繋がる原爆展
～希望の光がさす平和な世界を子どもたちへ～

〔企画〕

＊被爆証言　花垣ルミさん、榎郷子さん

＊講演「福島からの避難者の現状と支援の課題」西山祐子さん

＊展示・原爆パネル・等身大のリトルボーイ模型（学生がダンボールで制作）・平和について考えるサイコロ・京都府京丹後に米軍のバンドレーダー設置問題・震災支援募金箱開設

＊絵本コーナー・ミニ託児所を開設

第9回　2013年7月2日〜4日

〔テーマ〕

平和でつながる〝縁〟原爆展　〜考えよう私たちの平和　私たちの憲法〜

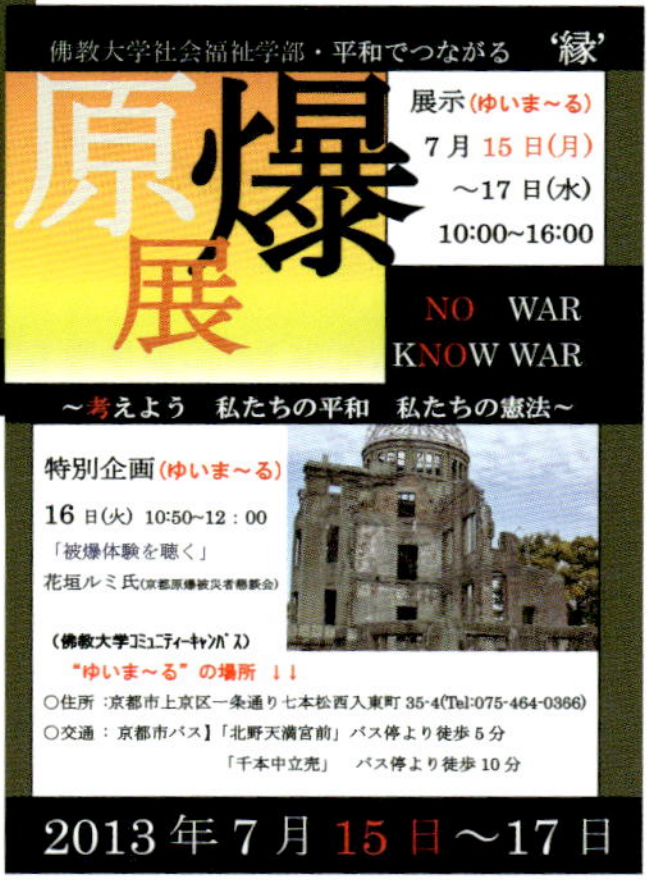

7月15日〜17日
佛教大学コミュニティキャンパス「ゆりま〜る」でも開催→

〔企画〕

＊被爆証言　花垣ルミさん
＊特別企画講演「ヒロシマを世界に伝えるユンク」小倉桂子さん（平和のためのヒロシマ通訳者Hiroshima Interpreters for Peace:ＨＩＰ代表）
＊原爆パネル展示　ロベルト・ユンク生誕１００年記念展示
＊京丹後の米軍バンドレーダー設置問題の掲示
＊リトルボーイ模型の展示
＊ＤＶＤ「チェルノブイリハート」の上映

第10回　2014年7月15日〜17日

〔テーマ〕

平和でつながる〝縁〟原爆展
考えよう！　ヒバクシャと共に「生きる」について

〔企画〕

＊被爆証言
　花垣ルミさん
＊原爆パネル展示
＊講演
　「フクシマの被災体験を聴く」　井谷めぐみさん（卒業生）
＊震災支援コーナー　福島&石巻
＊展示　原爆パネル、ビキニ被災60年について掲示

2014年度　佛教大学社会福祉学部　原爆展　　平和でつながる‘縁’

考えよう！ヒバクシャと共に『生きる』について…

今年で終戦から69年目になります。また本学部の原爆展も、今期で10年目を迎えます。そこで皆さんには、原爆や原発、平和や生きることについて改めて考えてもらいたいと思っています。

[日時]　6月17日（火）～　6月19日（木）
9：00　～　16：00　（パネル展示・DVD鑑賞など）
＊DVD「キミへのメッセージ」～もっとも若い被爆者の思い～
＊震災支援コーナー（福島＆石巻）

[場所]　パネル展示・DVD鑑賞　　1－506教室
＊特別企画
①6月18日　9：00～10：30　1－506教室
～被爆者体験を聴く　花垣　ルミ氏～

②6月19日　14：30～16：00　1－401教室
～フクシマの被災体験を聴く～
本学　社会福祉学部卒業生　井谷　めぐみ氏

6月17日〜19日
佛教大学コミュニティキャンパス
「ゆいま〜る」でも開催

第11回　2015年7月2日～4日

〔テーマ〕
戦後70年の「平和と福祉」

〔企画〕

＊被爆証言
花垣ルミさん

＊展示

・原爆パネル
・「原爆の図」（丸木位里・俊　作）
・リトル・ボーイ（模型）
・絵本・資料
・平和について考えるサイコロ

戦後70年の「平和と福祉」の取り組み

後藤至功（佛教大学福祉教育開発センター）

敗戦から70年、我が国は一貫して平和を希求し、生命の尊厳と暮らしの保障をめざし、福祉国家の実現に向けて歩みを続けてきました。「戦争」と「平和」は相反するものであり、福祉の発展は、「平和」の基盤があってこそなし得るものです。

今年度、安保関連法案の成立等、我が国の安全保障体制にとって大きな転換点を迎え、岐路に立たされることとなりました。そのような節目の年に、佛教大学社会福祉学部と福祉教育開発セミナーでは大きく4つの事業を企画することとなりました。

■戦後70年「平和と福祉」関連企画

No.	日時	実施内容	参加者
1	2015年 7月14日～16日	原爆展 「平和でつながる〝縁〟原爆展」 丸木位里・俊作「原爆の図」展示	120名
2	2015年 8月28日～31日	沖縄平和スタディーツアー 「沖縄戦、その始まりから終わりまでを見るツアー	12名

3	2015年9月13日	第1回センターシンポジウム事前学習会 「映画　夜明け前の子どもたち～鑑賞と学びの集い」 ～糸賀一雄と仲間たちの実践から生まれた発達保障～ 講師：山田宗寛　氏（社会福祉法人グロー）	38名
	2015年9月26日	第2回センターシンポジウム事前学習会 「戦後70年を駆け抜けたソーシャルワーカー」 ～岡山喜久治氏からのメッセージ～ ゲストスピーカー　岡山喜久治氏（元近江学園職員） 聞き手　山田宗寛　氏（社会福祉法人グロー） 清水紗織　氏（社会福祉法人しが夢翔会）	82名
4	2015年10月24日	福祉教育開発センターシンポジウム（社会福祉学部人権問題研修会同時開催） 「平和と福祉～戦争と福祉についてボクらが考えていること～」 丸木位里・俊作「沖縄戦の図」、沖縄戦関連写真パネル、 沖縄平和スタディーツアー報告、世界に共生を、生け花『祈り』	180名

原爆展については第1弾の企画として、7月に実施し、紙芝居の上映、広島被爆者からの講話を企画いたしました。また、併せて、丸木位里・俊作の「原爆の図」及び原爆関連資料を展示し、改めて戦争と平和について振り返る機会となりました。

第2弾では、「沖縄」をテーマとして平和スタディツアーを実施いたしました。ほとんど観光地化されていない沖縄本島中部の米軍上陸地点から南部の日本軍組織の戦闘終結地点まで、その経路を歩みながら我が国唯一の地上戦となった激戦地の真実を目の当たりにしました。

第3弾では、「戦争とソーシャルワーカー」をテーマとして学習会を実施いたしました。御年90歳を迎える元近江学園のソーシャルワーカーを招き、戦後当時の障害福祉施設の取り組みやその後の歩みに参加者一同、耳を傾けながらソーシャルワーカーが社会的に果たしてきた役割を理解しました。

そして、第4弾のシンポジウムでは、先般上梓された「平和と福祉～戦争と福祉についてボクらが考えていること～」をテーマとして、著作者に登壇いただいての開催となりました。本シンポジウムでは、「積極的平和主義」や「戦争文化」、「戦争をする国としない国の分岐点」等、様々な福祉的視点から問題提起がなされました。

第3章
世界のどこにも被爆者をつくらない
【被爆者の証言】

入隊まもなく救護被爆

片桐恵司（２００６年証言）

原子爆弾の被災者として、投下されたその日とその後、２日、３日の私の体験と当時の状況を記すに当って、まず戦争のない日本国であってほしいことを望み、人生を有意義に過ごせる国であることを祈ります。

戦争とは人と人との殺し合い

銃で打つか、剣で相手を刺し殺すか、これらは昔から、明治、大正、昭和時代の戦争の様相で、こんな野蛮なことはもう考えられません。現在は総て科学の時代です。その進歩の速さは想像もつきません。戦争の武器も化学兵器と化し、ボタン一つ押せば思う処までミサイル弾が届き、何千何万人の死者が出ます。本当に恐ろしいことです。ところが、昭和20年にすでにアメリカでは、科学爆弾が出来上がっていました。そんな時、日本の兵隊は竹槍を担いで走っていたのです。考えられますか?

地球上には、数知れないほどの国がある中で、誰もが予想もしていないあの恐ろしい原子爆弾を第一番に見舞われたのが、日本国だったのです。昭和20年8月6日広島に、９日は長崎にと投下され共に、市内は全滅しました。たった1発の爆弾ですよ。あの時の恐ろしさ、悲惨さは、身震いするどころではありませんでした。今ここに、1発「ドカン…」と来たら「アッ」と言う声も出せずに皆死んでいます。あなたも、私も、全部がレーザー光閃と熱風で黒こげの窒息死なんです。このような図り知れない恐ろしい科学戦争の結末を年と共に忘れ去られてゆく、日本人はそれでよいのでしょうか？

広島・長崎の人々はどのように思われるでしょうか。長崎で被爆して死んでいるかも知れない私が記憶をたどっているのが不思議な気がします。

私は、昭和20年７月７日、七夕さんの日に、大阪中部第二十二部隊に入隊し、陸軍の一兵卒として外地へ派遣される予定の兵隊でした。部隊に宿舎が無かったので、今里の小学校が仮宿舎となりました。入隊して２日目、７月９日堺が空襲に遭い家は焼夷弾で焼かれました。火の手は近く見えますので、自分の家が焼けているのに、綺麗やなぁと見ていたのです。次の朝外出して家族の安否を確認出来て、ほっと一安心しました。日時は忘れましたが、国鉄柏原駅からノンストップで長崎に到着し、初めて日本の南の国に来て〝いい港町だなぁ〟と思いました。ところが戦争中ですので、当時の長崎は街全体が軍港で、大きな要塞となっており、海軍の司令部の指揮下に入り、町の人も軍隊も何となく〝ピーン〟と張りつめた緊張感の走る思いが伝わってきました。私たち大阪から来た兵隊の駐屯する場所は、市内にありませんでした。私たちの軍隊は輸送船があれば、直ちに乗船して支那（中国）へ送られる予定だったのです。ところがその当時の輸送の状況は、兵隊を何百人と積んで船が港を出れば瞬時の内に敵のレーダー網に探知され潜水艦から発射する魚雷に撃沈され船諸共、全員「お陀仏」、海の藻屑となっていました。私たちを運ぶ船はもう無かったのです。これが私の第一番の命拾いだったのでしょうね。

次の船が入港するのを待つということで、駐屯地として約20キロ程離れた島の端の小学校と決まり、移動命令が出て〝テクテク〟と歩きました。途中２、３日お寺で宿泊し、次の日には小さい小学校の校舎に到着しました。ひとまず落付きましたが、私共の軍隊は初めから支那へ送って、いつ死ぬかわからない覚悟の部隊でしたので武器も無く、鉄砲、剣も無く、竹槍を持って戦うしか仕方の無い心細い兵隊だったのです。怖さを知らないと言えば嘘になりますが、大阪人ののんきさで、ただ食って寝て体力づくりののんびり生活で幾日かを過ごしていました。1つの分隊には12人いたと思います。朝起きると6人は米搗き（つき）、町家へ行って臼と杵を借り半日の作業で俵、1俵を白米に搗きあげます。後の6人は体力作りと決められ、水泳、体操、ランニング、竹槍が日課でした。8月9日、ちょうどその日は水泳の方に当たり、戦友と戯いもないことを喋りながら泳いでいました。

恐ろしい原爆の炸裂

そんな内にも、米軍の偵察機は、再々飛んで来て市内上空へ向かって行きます。10時30分頃、B29が2機、南の方からやって来ました。大空高く飛んでいきますから、トンボが並んで飛んでいるようで夏の日差しを受けて、時々キラッキラッと光りながら頭の上を長崎市内へ向かって飛んで行きます。私たちは海の中で、戦友と「えらい高いとこ飛んで行きよるなァ。今日も偵察やで。こんな小さい村の端に爆弾落としてたらアメリカも損するだけやから、ここらは心配ないで…大分あっちへ行きよったな。もう心配ない大丈夫やろ」などと言いながら、市内の方を見ていました。B29から何か落としたように見えました。快晴でしたので、見遠しはよくききました。パラシュートらしいのが2つ、「おい、あれなんか落としよったで？何やろな。燃料の補助タンク空っぽになったんでほかしよったんやろ」。そんな遣り取りをしてしばらくするとB29の姿が見えなくなりました。その時です。〝ピカッ〟と鋭い光線と爆発音、〝ドカーン〟あの恐ろしい原爆の炸裂です。

20キロ程も離れていた私たちの体に大きな音と共に強烈な熱風と閃光が浴びせかかりました。「ウワーーーえらいこっちゃ、どないなったんや」顔色もなくなり、体はがたがたふるえ「あかん。もう一ぺん海へ潜れ――」耳を押さえて潜りました。ところが、海の様子が少しおかしい？　そおっと首を上げると、辺りは一面真っ赤になっており、次第に真っ黒に変わりつつ雨雲が垂れ下がったような「どんよりとした」状態に変化し、嵐の前の静けさと何だか不気味な気配が漂っていました。恐る恐る海から出て、宿舎へ帰り、口々に「今の爆発あれ何や。今まであんな大きな音聞いたこともないし、体に熱を浴びたこともないで」と言いながらも、右往左往するばっかり、落ち着きを取り戻すことも出来ず皆恐怖感で一杯でした。何とか夕食を食べ終わった頃、市内から傳令の兵が来ました。「今日昼爆弾で長崎市内が全滅しました。すぐ救助に出動してください」とのことでした。

夜通しの行軍

皆一斉に「へえ…たった1発で全滅やで。ほんまかいな。えらいこっちゃなぁ」と言いながら、装備を整え、出発となり目をこすりながら夜通しの行軍となりました。夜中から明け方近くなって、辺りが見え始まると、だんだんと街の様子が見えて来ました。傾いた家から半壊、全壊、火災、焼け落ちた家と被害が徐々に大きくなって、一歩市内に入った途端に皆の声が一斉に「ア、ア、ア……」と驚きに変わりました。「ウワァ…．えらいことになってしもてるなぁ…．こんなんやと思えへんかった」。想像以上でした。はるか彼方まで見遠しが効き、建物は何も無く、コンクリートの残骸だけが残り、一方ではガス会社のコークスの山がポッポポッポッポ燃え放題、暑いの暑いの地獄模様そのままでした。海近くに立ち並ぶ三菱製鋼所は全壊で、鉄骨だけがへし曲がって残り、押し潰された建物からは煙が立ち上っています。

荼毘に付す

何から手を付けたらよいのやら迷っていると、小隊長から「まず死者を捜せ」との命令が出て、工場内で亡くなられた人を見付けるのが第一の作業になりました。あちらこちらと捜し、地下壕に事務所が有り、事務の3名を発見。男性1人、女性2人、折り重なるようにして亡くなられていました。3人とも圧死です。何とも言葉では言い表せませんでした。血液の循環が上り、脹れ上り、男性も女性も倍程の体型になっています。合掌をして、その方々の御遺体を担架に乗せ本部となっている玄関に運び、心配して家族を捜しに走っている身内の方に確認してもらい〝荼毘〟を伏し、遺骨を箱に入れ、お渡しする作業となりました。他の人様に、こんな話、出来るようなことではありません。2日目からもいろいろな怪我をした人、火傷を負った人たちの運搬や、死者の片付け等、自分でも何をしているのか解らなくなり、ただただ、ロボットのように体が動いているだけでした。炎天下、喉が渇いても何の爆弾やら正体が解らないため、噴出している水道水も口にすることも出来ない始末。海兵隊の地下倉庫には保管してあったビールが熱気でポンポンと爆ぜ、ホットビールになって吹き出している。喉はからから汗とほこりで体はじゃり、それでも命令は飛んで来ます。「次は向う」と指を指す方へ駆け足です。

ある場所で、工場内へ資材を運んで来た荷物車でしょうかね。木影に置かれ、馬子さんがお昼の弁当を食べていた時に、被爆されたのか、荷馬車の上で、あぐらをかき、弁当を片手に、一方の手で箸を持ったままの姿で黒こげで死亡、馬は横の木影に繋いでいたので閃光にやられ全身大火傷。馬体は総ケロイド状態で、血が滲んで目だけパチパチ、そんな可哀想な姿を見ても、もう涙も出なくなり、ただ、唖然としたままでした。

もう一つ眼に残っている状形は、市電の終点駅のチンチン電車の焼け後の中でした。空襲警報が出たので、我先に逃げようとしたんでしょうね。窓から片足を外に出し、両手で窓枠を持ったままの姿で黒く焦げ死に、手をはずしてタンカに乗せようと、さわった途端に、焼けた指がポトンと落ちる。このような作業の兵隊、運命とはいいながら、今でも目を閉じれば、これだけのことが次々と浮かんでくる。こんないやな思い出を背負って60年、私も大きな被爆者の一人でしょうね。

『戦争反対、原爆禁止』本当に叫ぶのは被爆者だけでよいのでしょうか？

炎天下の作業に入って３日目、小型の敵機が飛来し、低空飛行をしながら、ビラを撒いて去って行きました。日本軍の降伏を促すビラでした。その内容には「９日、Ｂ29より投下した爆弾は、化学爆弾で、この１発の威力はＢ２９２千機に爆弾を満載し、一箇所に同時に投下しただけの破壊力がある。日本の兵隊さん諸君は、直ちに武器を捨て、降伏しなさい」とありました。正確ではありませんが、二度程読み返している内に上官に取り上げられ、一切口外してはいけない。口外すれば厳罰に処す、とのきつい命令でした。作業を終えて、要塞司令部の地下壕へ入りますと、通路の両側には竹槍がギッシリ積まれてあり、敵が上陸して来たら、竹槍で差し違えるんだと、呆れて物も言えないほどの、日本軍の軍備状況の実様でした。銃も銃剣も弾丸も戦車も、それらを造る資材も無く、全国のお寺の釣鐘も軍隊に徴収され武器製作の資材として使い果たされていたのです。国民の合言葉は『銃後の国民は戦争に勝つまでは何も欲しがりません』というもので、８月15日、天皇陛下の終戦の詔勅がなければ、まだまだ戦争をするつもりの職業軍人が多くおりました。戦争を続けていれば、日本の国は無くなっていたでしょうね。終戦から60年、国民の総力によって平和を保ち、発展してきた日本。今の豊かな国日本、この大切な自分の国を憲法第九条に明記し、定められている法律を守り二度と戦争をしないことを誓い『戦争反対ではなく、してはいけない。すれば、あなたが死にますよ』と、はっきり言って終文と致します。

＊片桐恵司さんは、佛教大学までの移動が身体的に負担となるので、原爆展での証言をしていただけなかった方です。本稿では、毎夏、近隣の小学校で子どもたちに証言している内容を元にしています。

母の記憶・私の記憶

眞柳タケ子（２００５年証言）

母の記憶・私の記憶

私は長崎の稲佐町３丁目で被爆しました。被爆した時はちょうど１歳半でした。その当時のこと、原爆が落ちたときの様子はまったく記憶にありません。被爆体験は母からの話とこれまで生きてきた私の人生を話します。今年も暑い暑い夏がやってきそうですね。ここ２、３日はとても蒸し暑くて、私はとても夏に弱いんです。困ったなと思っています。悩みのタネです。昭和20年の８月、とっても暑い夏だったと聞いております。８月６日に広島、９日は長崎に、世界でもたった２カ所だけ、原爆が落ちてるんですね。忘れてはいけない日だと思います。そして広島で14万人、長崎で７万人の人が亡くなりました。母は今、87歳で、病院に入院しております。その母の話では、長崎市稲佐町３丁目２１３番地で、母と、５年前に亡くなった母の弟、私からいうと叔父ですけども、その３人が爆心地より１・８キロの地点で被爆しました。地図でみますと、爆心地はこの真ん中にある松山町です。稲佐国民学校というのが２キロ地点

《卒業生からのメッセージ》

子どもたちに戦争を教えたくはない

片岡　未知子

現在の平和に対する思いをと聞かれ、一番に思いついたのは、目の前にいる子どもたちの姿でした。私は平成22年に大学を卒業し、それから児童養護施設で働いています。子どもたちと関わるなかで、「大人の責任」をよく考えます。そもそも、子どもたちと関わりたいと思ったのは、戦争がきっかけでした。「何の罪もない子どもたちが犠牲になる」そのことに憤りを感じ、子どもたちの力になりたいと思ったからです。今、子どもたちと関わる中で、力強さや、とても鋭く大人を見ていることを感じます。子どもたちに嘘はつけません。

大学で原爆展に携わりゼミ生と８月６日に広島に行きました。資料館からでてきた後のみんなの表情をよ

にあるんですね。うちの家はそこから1．8キロです。

原爆が落ちたときは、母はこれから買い物に出かけようとして、玄関で私に靴をはかせていたらしいです。たまたま、母の叔父に当たる人、私の祖父の弟が来て玄関でしゃべっていて、これから買い物に出かけるから、一緒に出かけようとしている時に、ドカーンと落ちたらしいです。だから玄関は当然、開いてたと思います。母が私をぱっと抱いて、お腹のところに抱いて伏せたらしいです。そこは土間、今みたいにコンクリートじゃなくて、昔は土の土間だったんです。そこでぱっと伏せて、私は母のお腹の中にいたので、ぜんぜん傷がありません。ただ原爆が落ちた空気はたくさん吸ってるので、一応、その影響があるかもしれないと今では思っています。その時に家ががたがたと、屋根やらガラスやら、いっぺんにガチャーンと崩れてしまったと聞いております。母は背中の、ちょうどくぼみがあるところに、縦に8センチほどの傷ができて、今でも残っております。その傷は柱が落ちてきて当たったものです。母は柱の下になったときに、もう無我夢中で柱の下から飛び出して助かったと話してくれました。その時は痛いということも何も感じなかったと言っていました。私を抱っこして「この子を死なしたらあかん」と必死な母親の思いだったと思います。その時、話をしていた、大叔父に当た

く覚えています。何とも言えない表情でした。何ができるのだろうと思い、何もできないのではないかとも思いました。ただ祈ることしかできなかったように思います。「発信」をテーマに大学4年のあの1年、何度も戦争について、平和について考えました。原爆展から、卒業製作（私たちは証言を映像にまとめました。歌の好きなメンバーが歌を作り、みんなで歌いました）、みんなで集まり、どこか文化祭のような賑やかさもありましたが、あの時、真剣に平和について考えたこと、一緒に戸惑ったり、泣いたり、胸を締め付けられるような思いを共有したことは、今も忘れません。しかし正直なところ、今あの頃と同じように、平和について人と話すことはなくなっています。

安全保障関連法が成立した後の報道を子どもたちと見ていました。「どうなったん？」「日本の平和はどこいくん？」という子どもたちの声に何も答

る人はいつの間にか、いなかったらしいです。後で聞いたら、必死で自宅に戻っていたらしいです。母の弟がちょうどそのときに旧制中学校に行っていたのですが、その当時の中学校は学徒動員と言って、長崎市内にあった三菱兵器工場で作業をするか、稲佐警察署に行って応援をしたりして、そういう形の学徒動員で、学校に行かないで、作業をやらされていたらしいです。その日はたまたま稲佐警察署の応援に出かけていたので、母は慌てて私をおんぶして、火の海の中を、燃えているところをよけながら、稲佐警察署まで走って行ったそうです。隣の奥さんが、家の下敷きになって、一生懸命助けてあげようとしたけれども、女の力ではどうにもならんので、これはあかんと思って、稲佐警察署に助けを求めに走ったらしいです。助けを求めに走ったときに、火は燃えているし、戦闘機のB29が上をぐるぐる旋回していたらしいのですが、恐いのも何も考えんと、なにしろ隣の人を助けたい一心で、稲佐警察署まで走ったということを聞きました。稲佐警察署というのは、うちの家から５００から６００メートルぐらいあります。警察官の方に「奥さん、B29が飛んでるのに、よう子どもを連れて、ここまで来たな」といわれて、「あとで助けに行くから待っててください。はよ、防空壕に隠れてください」て、かえって怒られたようなことを話しておりました。それから

えられませんでした。ただ、大人の責任を、強く考えさせられました。戦争をするのは大人です。平和を作れるのも、守れるのも私たち大人です。子どもたちは見ています。私は目の前の子どもたちを守りたいです。私の今思う平和は、子どもたちが何にも怯えず、食事をしたり、睡眠がとれたり、友達と遊べたり、笑っていることです。子どもたちに戦争を教えたくはありません。子どもたちが、戦争の犠牲になるような、子どもたちが戦場に向かわなければいけない世界にはしてはいけません。そしてそれを決めるのはすべて大人です。

大学時代の経験は、間違いなく自分の糧になっています。隣にいる友人が、平和について一緒に考えている、それだけで心強くなりました。それだけで、平和が近くにある気がしました。何が出来るのか、それは今もわかりません。しかし何かを変える力を私たちは

隣の人を見に行ったら、近所の男の方がみんなで助けあって、隣の奥さんを助けたということを聞きました。やはりB29が旋回してるので、防空壕に隠れたと話をしておりました。稲佐国民学校の近くに畑があって、そこに防空壕があったらしいです。

黒い雨とおむすび

その後に黒い雨が降ってきたらしいです。黒い雨が降って、夜中に眠ろうとしたけれど、怖くて眠れなかったと話していました。夜中の、たぶん12時か1時頃だと思うんですけど、炊き出しがあったそうです。おにぎり1個と、たくわん2切れをみなさんに配ってきたらしいです。だけど怖いと思いませんか。家の中で炊き出しだしなんて、できないと思うんですよ。みんな潰れてしまっているから。黒い雨が降ったその中で、炊き出しをやってたんじゃないかと私は想像するんです。ということは、その炊き出しの中に黒い雨がたくさん混じっている。それをみんなおいしいおいしいと言って、食べたんですよ。私ももちろん食べました。なぜかと言うと、昼も夜も食べてないでしょう。2食抜いてるから、母はおいしかったと言うんですよ。私はその話を聞いて母に、「おいしかったって、黒い雨が入ってたのと違うの。怖いよ、それ」母は「今、思うと怖いな。知らない

持っています。今目の前にあることに全力で取り組む、誰かが笑顔になる、きっとそこから平和は広がるのだと思います。また、目の前にいる人のことを知る、見つめるということが、すべての始まりなのだと思います。何にもとらわれず人を見つめて下さい。きっと違う世界が広がると思います。いろんな人の平和への思いが繋がり、平和が当たり前になることを願っています。

「平和」は多くの人が共感できること

目黒寿彦

私が佛教大学に在籍していたのはもう13年前になります。当時、黒岩ゼミで被爆経験者の方にお話を伺う機会がありました。原爆というものに対しての知識も少なかった私には大変貴重な経験でした。その後私は卒業しましたがこうして原爆展として、「原爆」や「戦争」といった悲しい過去を取り上げ、「平和」に向けて取り組まれている、社

からそれが食べられたのね」と話します。本当に怖い話やと思います。黒い雨が入ったご飯とたくわんも食べてるんですよ。

寝ようとしたけれども、眠れなくて。次の日の朝４時頃に、たまたま母の兄が広島県庁に勤めてたのですけれども、長崎県庁に出張で２、３日前から来てたらしいです。母の兄が「ウエムラ　キチはいませんか」言うてね、各防空壕を探して回ったみたいなんです。私たちがいるということを叔父、母の兄は知ってるもんで、苦労しているやろうと思って、助けに来たみたいです。たまたま稲佐国民学校のそばの防空壕に来てくれて、そこでやっと会うことができました。ここにいたらだめやから、みんな焼け野原になってるからと、それから九州の母の里に帰ることになりました。地図ではここ、大島という所です。今、この大島というところは橋が架かってるんですが、その当時、橋はありませんでした。

傷ついた人々と屍の山

母の弟が稲佐警察署にいたので迎えに行って、私と母と母の弟と母の兄と４人で線路伝いに帰ろうということになったらしいんです。長崎と道の尾との間が、原爆で線路もずたずた、壊滅状態だったようです。佐世保に帰ろうとしたら、絶対この道と被爆地の爆心

会福祉学部の教員や学生さんの熱い思いを感じております。

また、東日本大震災が発生した当時、私は福島県の浜通り最北にある新地町に住んでおりましたが、佛教大学の皆様から心強いご支援いただきました。震災後小さな町である新地町の状況等を報道等で取り上げていただける機会も少ない中、なんとか現状を多くの人に知って欲しい一心で私は中学校の同級生と共にボランティア活動を行っておりました。佛教大学の皆様には多くのご理解とご協力をいただきました。またその年の8月に開催された被災した地元を元気にしようと町を挙げて行われたイベントにおいては、被災者に物資や学生の皆さんが手作りされた団扇を送っていただきました。現在私は新地町の地域包括支援センターに勤務しておりますが、地域住民のお宅を訪問すると団扇を飾っておられるお宅もみられます。そして原爆展においては

地を通らないと帰れないんですよ。だから爆心地を通って帰ったということを話してくれました。線路伝いに歩いている時は、もう本当に地獄だったと母は話してくれました。私は分からないので、寺山さんの本を見て想像しています。通り道にこういうきのこ雲が上がってたり、亡くなった人の山だったんです。それも、ヤケドでしょう。そうしたら、ものすごく水がほしくなって、川のそばとか、昔は用水路や木の桶とか、石の入れ物とかに水があるでしょう。そこに人がいっぱい寄ってたんです。何十人も折り重なっていました。ヤケドをすると、水を飲んだらだめなんですね。かえって死んでいくという、本当かわいそうです。だから水、水、と言うてね。その線路伝いでも、こういう格好で、皮膚が垂れ下がって、ここをくっつけると痛くてしようがない。だから、ヤケドを負った人は、みんなこんなして（両手を前にあげて）歩いるんです。絵を見ていただいたら、いいですけど、うちの母もそういう話をしてくれました。「あぁ、これがそうなん」と言うたら、母がそうやと言うて、話してくれたんです。私は何しろ原爆にあってるとはいうものの、その様子が分からないもので、いつもこの絵本を見て、これがそうなのかと思っています。こういう状態です。（絵本を見せながら）着てる服も裸同然。身が垂れ下がってるんです。もう人間じゃないですよね。びっ

新地町の被災状況について展示していただいたことをはじめ、福島支援コーナーを設けていただいたことに感謝いたしております。

さて、皆様がご存知のように福島県は地震・津波の他に原発事故という災害も加わり、当時のことを思い出すと、なんとも言い表すことの出来ない複雑な気持ちを抱いて生活を送っていたことを思い出します。新地町は福島第一原発からは約50キロの距離にあり、避難指示が出る場所にはありませんが、事故直後は情報も乏しく、どのように対応したらよいのかわからず、町内にとどまる方や遠方に避難される方などそれぞれであり、家族がバラバラになるケースも多くあったように思います。とくに小さい子どもを抱える家庭は「被爆」に対してとてもナイーブになり、大きい不安の中で過ごされていた姿が思い出されます。今回の事故によって被爆した場合の人体に対す

くりしますね。水、水と言いながら、こうして歩いてくるんですって。母は何人もそういう方に会いました。水をあげると死んでいくのであげられなかったと言っていました。

２つのめぐりあわせに助けられて

母はその当時、淵中学の養護訓導といっていましたが、今でいう養護学校の先生をしてたんです。父が南方に軍属で行っていたので、その間に、私が亡くなったら、父にすまないと思って、学校を辞めてたんです。母が辞めた後に入られた養護の先生は、学校で即死だったんです。学校がまた被爆地の近くなんですよ。地図で見ていただいたら、松山町が爆心地でしょう。学校はここなんです。１・２キロか１・３キロの地点です。だから本当に、学校の中にいても亡くなってるんですよ。母は、校長先生に「子どもさんを連れてきて、保健室にいてくれたらええから、そのまま続けてください」と言われたらしいです。けれども、母は、「いや、もうやめます。もし何かあったときに夫が戦地に行って、いないから」といって、断ってやめたらしいです。やめてよかったと母は言っています。母は２つほど助かったよと、言うんです。それは、１つは淵中学を辞めたこと。２つ目は、１・８キロの地点で被爆し、屋内にいたことです。外に

る健康被害がどう影響していくのかまだまだ分からない現状でもあり、この問題はこれからも長く続いていく問題であると思います。健康に関しての影響はおそらくこれから多くのことがわかってくると思いますが、どのような結果が出ても、当時、そして現在福島で生活している人はその事実を受け止めて過ごしていくことになると思います。そんな中私が望むことは、今後のさまざまな影響はまだわかりませんが多くの人に福島県の現状を知っていただきたいということです。そしてこれは原爆や被爆によって何らかの問題を抱えている人が現在も多くいて、それを正しく知ることと共通するのではないかと考えています。

「戦争」や「被爆」、「地震」や「津波」そして「原発事故」を一括りで考えることが正しいことなのかは分かりませんが、それらにより人々の「平和」が阻害されたことは間違いないと思います。

いたら、とても助かっていないというんです。外に布団を干してあったらしいんですが、それが真っ黒焦げだったそうです。これから出ようかという時に、それこそ2、3分の違いで出ようかとしているときに、ドカーンときてるでしょう。だから命拾いをしたと、今でも母はそれをいうんですよ。「私は常に手を合わせて、御大師さんを信じてた」というてね。「だから助けてくれはったんや」といいます。

母は「長崎は8月9日の1年前からB29が飛んでいた」といいます。しょっちゅう爆撃されてたんで、こんなもんやと慣れて、爆撃に対して怖いなんて、あんまり思ったことがなかったらしいです。だけど、原爆が落ちた時点で地獄を見た感じで、ああ、今度の爆弾はちょっと違うなと思って、「こんなん、かなん。もうこりゃ、あかんわ」と思ったといってました。それを私に今でも話してくれます。

傷ついた医大生とB29からまかれたビラ

線路沿いに歩いている途中、医大生（話をして聞いたのでしょう）がふらふらしながら歩いてたので、母が「一緒に頑張って歩こうな。道の尾まで歩こう」と話したら「いや、もう歩けんけん、先に行ってください」とよたよたしながら言ったそうです。「あの人は今どうしてはるやろうな、助かってはるやろうな」と、今でもそのことを、悲

社会にはさまざまな考えを持たれる方がいますから「戦争」「被爆」「地震」「津波」「原発事故」に対しての考え方もさまざまでしょう。しかし、「平和」を望むということは多くの人が共感できることであると思います。そのためにはやはりそれぞれの現状を知り、理解し広めていくということがとても大事になってくるのではないかと思います。

「原爆展」を今後も長く続けていただき、様々な形で「平和」に対しての考えを広めていくものとして発展していっていただきたいと思います。また私自身その一端を担えるように精進していきたいと思います。今後「原爆展」が、これまでに携われた多くの方々の意思を継いで20年、30年と続いていかれますことを祈っております。

探究心を持ち原爆展に関わって

末原　和弥

私が原爆展に関わろうと思った理由

しい顔をしながら話をしてくれるんですよ。「助かってお医者さんしてるんやろうか、どうやろな」と言うんですよ。その時は、やはり母は看護婦だったんで、助けてあげたいと思ったんでしょうね。だけど私をおんぶしてるし、B29は上で飛んでるし、ビラは落ちてくるしね。そんなんで、助けることができなかった医大生のことを、今でも、「どうしてるんやろう」と心配して言います。

そのビラも、４分の１ぐらいの、このぐらいの大きさだと言うのですけどね。黒い紙だったらしいです。それに天皇陛下に戦争をやめるように言いなさいと書いてあったらしいです。上からどんどん、それが落ちてくるらしいです。一生懸命、読んでいたら、お兄さんやら弟が、「はよ、捨てな。それを憲兵が見たら、連れて行かれるし。はよ、捨て」と言われて、中途でぱっと捨てたということを言ってました。なんでそれを取っとかんかったと私が言うと、「そんなん持ってたらえらいこっちゃ。憲兵に引っ張られて」と言ってました。そういう時代だったらしいです。私には、ちょっと想像がつきませんけれども。今の時代やったら、絶対、隠してどっかに持ってると思うんですけど、その時代は持ってたら、すぐ憲兵に引っ張られて、お仕置きを受けて、それこそ半殺しにあうような時代だったということ母が言うんです。「はよ、捨てなさい」と言われて、あわてて捨てたよ

は、歴史が好きということ、戦争の記念館に行くなど戦争に関心があったことです。また、今までに得た知識で曖昧な知識を正確な知識にしたいと思いました。原爆展に関わる前は、原爆は広島と長崎に落とされたもので、ただ漠然とした恐ろしさしかありませんでした。原爆展に４回関らせていただき、原爆の構造や投下直前と直後の街の写真や被爆された人の写真を見たり、被爆された方の話を聞きました。原爆が街を一瞬で焼け野原にしたり、被爆された方の一生に渡り、影響を与え続けるなどその恐ろしさを感じるようになりました。この原爆の恐ろしさを日本の歴史は伝えていかなければいけない、と強く感じました。また、以前は、紛争などのニュースを見ても、「へー、世界ではそんなことがあったんだ」と関心がありありませんでした。しかし、原爆展に関わるようになり、紛争やなどのニュースにも関心が向き、ただ見て流さ

と言ってました。

佐世保にたどり着いてから

それから、苦労して佐世保まで行ったということを話していました。本当に大変な目にあって、苦労をして、ここ道の尾まで歩いて、やっと汽車に乗って、その汽車も大村で1回降ろされて、そこでまた待たされて、また汽車に乗って、着いたのは夕方だったいうことです。今だったら、2~3時間で行けます。車だと1時間ぐらいで行けるような距離なんですよ。それを大方1日かかって行ったみたいです。佐世保で1泊して、お風呂に入ったときに、自分は知らなかったらしいですけど、髪の毛から木の破片やらガラスやらが落ちてきたといいます。背中に、柱が落ちてきた傷で服に血が滲んでいました。あれ、どうしたらやろうと思ったら、風呂に入ったときに痛みを感じて、それで分かったというてました。母は看護婦だったので、そういう処置とか、なんとかできたんだと思いますけどね。

そんなんで、1年ぐらいはやはり下痢をしたり、髪の毛が抜けたりしたそうで、私も一緒にそういう症状があったらしいです。髪の毛が抜けるのは怖かったと言ってましたよ。櫛を入れたら、どばっという感じで落ちたと言います。脇毛も身体の毛は全部なくなったと

ずに、わからないことがあれば調べるようになりました。今回の安保関連法案も原爆展に関わっていなければ自分には関係ないし、と関心を示さなかったのではと思います。

知人に自衛隊員がいて、自衛隊の現状、今の世界情勢と今後の予測などを聞くことがあります。世界の出来事を考えてみると、日本もいつ攻めてこられてもおかしくない、または、日本人がどこで襲われてもおかしくない状態で、武器を使わなければならない場面が多くなってくるのではないかと思います。そう考えると、安保関連案は自衛隊員には必要な法案なのかもしれませんが、今回の決め方はあまりにも一方的で他の意見を寄せ付けなさ過ぎるのではないかと思います。いつ武器を使用しなければならない時が来るかはわからない状態ということを考慮してもあまりにも急ぎすぎたのではないかと思います。この法案はもっと時間

言っていました。その他、下痢、発熱、血便、血尿など、被爆後の1年の間にはそういういろいろな症状があったと聞いています。夏のことだったんで、ヤケドとか擦り傷が化膿して、たいへんやったそうです。だけど看護婦だったんで、そういうことはうまいこと処置して、なんとか治ったと話してました。

虚弱だった小中学校時代

これから私の話に入りたいと思います。私は物心つくまで体が弱かったです。何しろ昔、よく学校で朝礼というのがあったんです。月曜日の朝は必ず1時間ぐらいは朝礼で立たされる。その1時間の朝礼が立ってられないんです。たいてい座り込むか、「先生しんどい」と言って、部屋に帰るか、もうこらえきれずに、ばたんと倒れたこともあります。他の人にはあまり見られない、貧血みたいな症状がありました。私は小さいとき、ものすごく好き嫌いがきつかったんです。野菜はあまり好きじゃなかったし、肉ももうひとつやったし、魚と好きな野菜だけを食べるような偏食があったから、それでこんな弱いのかなというふうに、自分では物心つくまでそう思っていました。

被爆者には被爆者手帳というのがあるんです。それを持って、1

をかけて、議論をするべきではないかと思います。また、この法案は、どういったものなのか、またどのような状況になれば、武器使用を使用できるのか、などを国民にも丁寧に説明する必要があるのではないかと思います。説明し、理解・納得を得るべきだったのではないでしょうか。もちろん国民みんなが納得することは難しいのかもしれません。ですが、納得しない、できない方でも、必要性を感じたら、理解してくれるのではないかと思います。

私は安保関連法案に反対か賛成かを問われたら、わからないというのが本音です。世界の情勢を見ていると、武器の必要性は高くなりつつあると思いますし、日本だけ武器を持ちません、だから攻めて来ないでください、日本人だけは攻撃しないでください、ということは通用しないと思います。だからといって、武器を持てば、武器を持った何かしらの戦いに参加せ

年に1回、保健所に健康診断に行ってたんです。それで「学校の先生に、明日、保健所に行かなあかんから、休みますと言いなさい」と母が言うのです。先生にはたぶん母からそういう伝えがあったのか、先生が「はい、行ってきなさい」といってくれました。先生からは「何で行くの」とは聞かれなかったので、自分だけが知らなかったんです。小学校の間、みんなは保健所に行かへんのに、なんで自分だけ行くのかなという感じだったんです。母もまだ詳しく話してくれなかったのです。中学校に行きだしてから、「こんな手帳があるんだ、ふうん」という感じでした。ただ「被爆者と書いてあるけど、原爆におうたんだ。ふうん」という感じで、自分がなんでそうなんかと、それほどまで、被爆者ということを認識してなかった、気付いてなかったのです。今、思うと幼かったと思うんですよ。

ようすけが生まれて

結婚して、初めて第1子ができて、その子どもが結局、先天性の心臓病だったのです。見た目は普通の男の子だったんですけど、心臓を解剖して分かったんですが、普通4つある右心房、右心室、左心房、左心室が2つしかなかったんです。だからきれいな血も汚い血も中で混ざったままでした。うちの親戚にもそういう心臓病の子

ざるを得ないでしょう。また、世界には190以上の国があり、多種多様な人種、宗教の人がいて、また、同じ人種、同じ宗教の人でも価値観や趣味趣向は違うはずです。そう考えると紛争がなくなるのは難しいのかもしれません。

ですが、武器を使わなくても解決することはできるのではないでしょうか。我々、人類は考えること、考えたことや、感じたこと、想いなどを相手に伝えることができます。また、思いやるということもできます。相手の考えや価値観を否定し、なんでも力によって解決するのは簡単なことだと思います。そうではなく、互いの考えや価値観を受け止め、違いを認め合った上で話し合いをし、解決させていくことができれば、武器を使わなくても済むのではと思います。綺麗事なのかもしれませんが、誰もが武器を使わずに話し合いで解決できる世の中になるこ

もいないし、主人のほうもいないし、おじいさん、おばあさんにも全然そんな人いないし、とても考えられないんです。私はそのとき初めて、ああ、これが被爆者なんやと思いましたね。「うわあっ」と思ってね、本当にどれだけ悲しんだか分かりません。だけど子どもが生まれて元気に５カ月まで、保育器の中に半月入って、また半月ほど元気に外に出て、その繰り返しで、その間に危篤状態が何回かありました。その度に、はあと思いながら、この子も一生懸命、生きてるんだから、私も生きなきゃと思いました。その子が生きてるときは私も必死で生きようと思いました。だけど亡くなった。その年の11月21日。それも１年は３６５日あるんですけれども、主人の誕生日に亡くなったんです。私もそのとき、これは何を意味しているのかなと思いました。３６５日あるのに、主人の誕生日になんで死ぬんやて、主人が本当に泣いたんです。お通夜で、「俺の誕生日、亡くなったやんか…」て言いながら。そのときの悲しいことといったら、私は今でも忘れないです。それから私は、何回か線路の前に夢遊病者のように立ったことがあるんです。だけどその都度、思い直したんです。私が強くならなければ、これを誰に訴えるのと思ったんです。こんな悲しい思いを、次の世代に伝えていかなきゃ。その都度、死のうかしらと思って、線路のところで立つんですけれども、

とを願っています。

これからの原爆展を担う学生の方々には、まず関心を持っていただきたいと思います。また、原爆展だけの知識だけで終わらず、気になれば調べる、という探究心を持って原爆展に関わっていただければ、より良い原爆展になると思います。私は、戦争の歴史を学ぶ必要性があると思います。戦争の概要はもちろん、当時の人の想いなどを知ることで今の平和を今後も続けていけるのではと思います。

被爆者の話を聞くという貴重な体験

星谷　暢平

私が、原爆展に携わったのはちょうど東日本大震災が起こった年でした。津波の様子と共に原子力発電所の事故が連日放送されていました。そんな中に原爆展に向けての準備が始まり、私たちは原子力発電についての展示をすることにしました。実際に原子力発電

思い直して。本当に何回か立ったことがあるんです。死にたいと思ってね。こんな思いをしたくないと思って。だけど、何度もそれを思い直して、これを絶対、誰かに伝えなきゃって、誰もこんなことを伝えてる人はいないと思うと、やっぱり伝えなきゃあかんので、自分の恥はのけて、これを次の世代に伝えていかなきゃと…。

次世代に影響を及ぼす原爆

被爆は自分ひとりでは終わらないということをみなさんに教えてあげたいんです。私だけじゃない、2世、3世までいくんやということを。だからチェルノブイリの原発事故かて、小さい子どもさんたちが、2世、3世になったら、どうなるんやろうなと、私は常にそう思ってるんです。かわいそうに。大人になったときの被爆はある程度大丈夫だと思うんですよ。だけど小さいときの被爆は、とてもとてもそんなもんじゃないと思うんです。先生方は、誰もそんなことないとおっしゃるんです。それを証拠に、私、2人目、3人目と女の子が生まれたんです。そのときも、「大丈夫やから産みなさい」とおっしゃたんです。亡くなったのが男の子だったんで、もし男の子だったら、また同じような子が生まれるんじゃないか、私はどうしよう、どうしようと悩みました。だけどお医者さんは「大丈夫や。そ

について調べると知らないことばかりで説明を書くのに苦労しました。それと同時に原子力発電の危険性を知らなかったのは恥ずかしいと思いました。それまでは、原始力発電は環境にやさしいと言われていて新聞の広告などにも載っていました。しかしあの事故があってからはそんなことは言われることもなく、もともと危険性がたくさんあったと言われるようになりました。国が主体で原子力関連の開発が進められていたので、今までは危険性などはあまり報じられていなかったのでしょう。私たちは原爆展をきっかけにたくさんのことを知りました。開催した原爆展にもたくさんの方に来ていただいて原子力発電の仕組みなどがわかってもらえたと思います。

原爆展では、被爆体験を聞いたことが特に印象に残っています。教科書では文字や写真でしかわからないので実際に話が聞けたのはとても貴重な

んな気でおったら、また同じような子が生まれる。そんな気でおったらあかん、母親がしっかりしな」と言われて、近所の奥さん方にもそう言われて、よし、ほんなら頑張って、元気な子を産むぞと思って、そういう気持ちで、常に観音さんに手を合わせてお願いしながら、本当におかげで元気な女の子を２人産みました。だから今、こうしてみなさんの前で話すことができるんです。これが男の子だったらどうやっただろうな。遺伝子みたいなのが今でもあるんじゃないかなと私は思ってるんです。この前、広島で遺伝子が破壊されて、どうのこうのという話が出てたと思うんですけど、私もそれを信じてるんですよね。これが男の子やったら、もしかすると、それがぬぐいきれなくて、怖いなあと、今でも思ってるんです。そんなふうで、娘２人はおかげさんで、下の子もやっと結婚できまして、１人だけは嫁ぎました。私もほっとしてるんです。ただ、孫のことがちょっと頭にひっかかってるんですけども、おかげさんで、私も一生懸命、八十八カ所お参りして、元気な孫を産むようにと思って、常に手を合わせてるんです。

実験台にされた広島・長崎

みなさん、私の話を聞いてどう思います。やはり、２世、３世ま

体験でした。被爆者の中には思い出すので、話をしたくないという方がいます。話を聞いて感じましたが、あんな恐ろしいことを思い出したくない気持ちがわかったような気がします。ただ普通に暮らしていた人たちが被害にあうのはおかしい、戦争をしていいことは何もないと感じました。被爆者の方の高齢化が進んでいて、語り部が減っているので、後輩たちが引き継いでいってほしいです。

２０１５年に「安全保障関連法案」が衆議院で可決されました。連日テレビで放送されて、デモが全国に広まるなど、日本全国で注目を集めていました。特にデモで注目されていたのは、若い世代と子を持つ母親たちの活動でした。確かに海外での活動が戦争に発展した場合、若者は自分が巻き込まれるかもしれないし、母親たちは自分の子たちが戦争に行かなければいけなくなるかもしれません。報道などを見て

で影響があるということをご存じないと思うんですよ。そういう話をされておられる方は少ないと思います。だけど、私はもう絶対あると自分で思っています。そんなこと、私たちは実験台にされたとしか、私は思っていません。だから、今、イラク戦争とか、アフガニスタンの戦争とか、ああいうのに原爆は落とされてないでしょう。あれは落としたらあかんからやってないんですよ。長崎、広島に落とされて、私たちがこんな目にあってる、絶対怖いと、アメリカでも日本でも思ってると思うんですよ。ほんまに実験台だと私は思っています。だから、そういう実験台みたいなことを日本はさせられたということが、本当に怖いなと思うんですよ。世界のどこであっても、こういう同じようなことを繰り返してはいけないと思うんです。私たち被爆者が、それを世界に訴えていかないと、本気でそういうふうに考えています。こういう思いをみなさん、若い方々に伝えたい。絶対、戦争、特に核戦争、原爆なんかの戦争はしたらいけないということです。この平和があるからこそ、私たちは今、生きていけるんだと思ってるんです。だからそういうのをみなさん、私みたいな悲しい思いをしたらいけないということを、本当に繋いでいってほしいと思うんです。

いると、必要性があると賛成の国民もいたことは事実です。しかし、急いで無理矢理可決するのはおかしいと思います。日本の未来が決まるような法案なのに、初めから可決するのを前提に審議が進んでいるようでした。反対の意見をすべて聞いていては話が前に進まないのでしょうが、もっと国民に説明した方が良かったと思います。審議の様子も、いい大人たちが暴力的な行動をしたり大声を出したりと、将来あんな風にして決まった法案なんだと説明するのが恥ずかしくなります。可決されてからは、テレビでの報道もしなくなり、ブームが去ったように安保法関連案の話を聞くことが少なくなりました。テレビでやっているから注目して、テレビでしなくなったから注目しなくなるような問題ではありません。国民に分かりやすく説明すべきです。

日本国憲法は、平和憲法と言われています。第二次世界大戦の後に制定さ

平和への強い願いを子どもたちにも伝えたい

平和を、戦争じゃなくて話し合いで、みんなで頑張って解決していってほしいと思います。特にいろいろと内紛やら、今でもアフガニスタン、イラク戦争とかあるでしょう。新聞で読むたびに、私はとても悲しく思うんです。なんとか話し合いでやっていってほしい。私たちと同じような思いをしたらあかんということを、訴えっていきたいと思ってるんです。私は本当に世界に訴えたいと思います。みなさんもこのお話を、子どもさんたちにも、1人でも、戦争はあかんという私の気持ちを教えていただけたらと思います。絵本『ようすけくんの夢』も、佛教大学の学生さんが作ってくださって、本当に感謝してるんです。私も感謝してるんですが、母も私以上に感謝してるんです。母も入退院を繰り返してるんですが、「いつ、私は亡くなるかも分からん。私の話がこうして『ようすけくんの夢』で戻ってきてくれたから、絵本だけはずっと残ってくれるから嬉しい」と言ってくれるんですよ。それが一番の親孝行をしてあげたかなあて、私は思ってるんです。ようすけが本当に残してくれたなあと、決して私だけの力だけじゃなくて、母と私と娘と、ようすけの力が4分の1ずつ、それを足して1になったんやなあと思ってるんですよ。実を言うと、絵本が縁で、うちの娘も嫁に行ったんです。だから私は、

れて、戦争をもう二度としないと宣言しています。GHGに命令されて作った憲法だという方もいますが、大切にしていかないといけないと思います。唯一の被爆国でもあるので、日本の役割はとても重要だと思います。しかし、総理大臣などの、偉い人たちだけが活動するだけではなく私たち国民一人ひとりが意識していく必要があると思います。私も原爆展を通して少しは平和に向けての活動が出来たと思っています。これからも原爆展が続くことで、平和に対して考える時間が出来ることを願っています。取り組む学生さんたちは大変だと思いますが、必ず貴重な体験になると思いますので、頑張っていってほしいです。

戦争体験を受け継ぎ後世へ伝える

石田春菜

私の祖父は広島で生まれ育ちました。広島に原爆が投下されたその瞬

ようすけを福の神みたいに思ってるんです。ようすけの写真を見てください。目が絵本の目とそっくりなんです。私、この絵を見たとき、あまりにも目がそっくりで、びっくりしました。涙がこぼれそうになったんです。学生さんは、写真なんかぜんぜん見ないで描いてくださったんですよ。不思議だと思いませんか。今こそ、こうやって写真もお見せしたんですけど、私、ずっと隠してましたもん。出してくると泣けてきてね。だけど、これじゃあかんなあと思って、今は持って回ってるんですよ。この目が本当にそっくりなんですよ。この絵本を作ってくださって、本当によろこんでいます。これも図書館に配らせてもらっています。

＊真抑タケ子さんには、第1回原爆展（２００５年）以降、原爆展だけでなくゼミなどで何度も証言をしていただいています。この記録は、２００７年の原爆展の記録『No War Know War 語り継ごう平和への想い～Bu-Peace-Action～』（２００８年5月31日・佛教大学社会福祉学部制作）とその前後の講演記録をもとにしています。

＊『こぎゃんことがあってよかとか』寺山忠好、ウィンかもがわ、２００５年。

間、祖父は広島市内から少し離れた海の上にいたそうです。予定ではその日は広島市内にいるはずだったのですが、船の故障のため市内を離れていました。そのとき突然町のほうがぴかっと光り、何が起こったのか想像もできなかったと言います。雷でもない、経験したことのない眩しい光が一面に広がった。そして数時間後に遠く離れた海にまで灰が飛んできて、とんでもないことが起こってしまったということだけは分かったそうです。

幸い家族は全員無事だったけれど、親戚は被爆しました。なんとか命は助かったけれど、その後何年も辛い思いをしました。そして広島に投下されたものが「原爆」でその本当の恐ろしさが分かったのはもっと後のことだった…という話を幼いころから聞かせてもらっていました。また祖母の兄もフィリピン沖で戦死しています。私にとって戦争とは、自分の経験はないけれどとて

封印してきた原爆の記憶

Y・N

2009年の日記から

　あの日から63年の月日が過ぎました。私の人生の長い間封印してきた原爆の思い出を又改めて思い返すことが出来るでしょうか!!

　当時、女学生の私たちは学徒動員で爆心地から約2キロの工場にいました。警戒警報解除の後で一瞬の光線！アアッ、意識を失い、「学徒はいるか」の叫び声に気付いたのです。真暗の中…。「生きている」。建物の下敷きになっていたのです。咄嗟に「救急袋が」と叫ぶと「そんなものどうでもええ」と大声で怒鳴られました。引き出されて何があったのか記憶に残っているのは、この世に地獄があるのなら目の前の光景全てが地獄でした。怖いも恐ろしいも悲しいも人間としての感情はないのです。目の前の現実に対して余裕がなかったのです。友人3人と逃げるが太陽は容赦なく照りつけ、川に向かって人々は男女の見分も出来ぬ程に皆焼き爛れた肌に着衣の布切れが皮膚と一緒にぶら下がっている。髪は焼けてジリジリで多くの人が水を求めて川端に集まり、皮膚はピンク色に腫れてパンパンになり、

も恐ろしいものであると幼い頃から感じていました。そして大学4回生になり、ゼミでより深く学ぶ機会がたくさんありました。

　学生時代には自分たちで写真を選び、原爆展を開催しました。写真を選びながら、その悲惨さを思い浮かべ、自然と涙が溢れたこともありました。また、語り部さんから貴重なお話を聞かせていただきました。そして原爆が投下された8月6日にはゼミ生全員で広島を訪れました。このようなたくさんの学習の機会を与えてもらって私たちは事実を知りました。それはとても衝撃的な話が多く、私が祖父の話から想像していた以上のものでした。

　第一に恐怖心を抱きました。そして怒り、悲しみ…言葉では表現しきれないほどの様々な感情を抱きました。私たちは、後世に残せるものを作りたいとDVD『キミへのメッセージ　～もっとも若い被爆者の想い～』*を作成しま

「水、水…」とうめきながら這って伏せて息絶えた人等々、今も目の前に浮かぶ様は地獄としか言い様がありません。こんな時人間の感情はないのでしょうか。その中を私たちは逃げて行ったのですから。今こうして生きているのが申し訳ない思いで一杯です。

8月6日が来ると罪の意識に苦しめられるのです。どんなことがあっても今の平和は守り続けて行かなくては亡くなられた多くの人に申し訳ないと思っています。好むと好まざるとに拘らず国の政策に翻弄された時代を生きた少女時代です。経済成長と共に発展して行く街の様子にそのテンポの早さは唯々戸惑うばかりでした。自らの意志だけでなく世の中の政治の渦の中で置かれた境遇の中でどんなに辛いことがあってもあの時のことを思うと乗り越えていかねば。あの日に亡くなられた多くの人々は尊い命を失ってしまっているのですから。今の平和の陰にはどれ程数多くの犠牲があったかと、一人の人格を完成させるまでの時間をどのように過ごしてきたかによって決まるものだと思います。人生の一番大切な時期を学ぶ事も出来ず、又多感な時を戦争の渦の中で過ごし私の人生観は180度変わりました。人は生まれて大人になるまでに様々な経験を重ね、教育や環境によって変化していきます。時代と共に自分の置かれた枠の中で（社会）生きていかねばなりません。

した。戦後70年が過ぎ、戦争を経験した方はみなさん高齢です。私たちのように語り部さんから直接話を聞くことすら出来なくなってしまう時代が必ずやってきます。そのような時代を目前に私たちができる事。そして私たちよりもっと若い世代の人たちに事実を伝えていきたいという思いを込めて作成しました。

社会人になり、忙しい日々に追われ、最近は戦争と平和について考える機会が薄れてしまっていました。この機会に自分たちが作成をしたDVDをもう一度みました。祖父ともじっくりと話す時間を持ちました。そして出来ることから始めてみようと改めて感じました。将来私の子どもが出来たら、しっかり話をしよう。伝えようと思います。

祖父は今でもテレビをみながら、ポツリと私に呟きます。「戦争を知らない人が平和を語る。おかしい世の中だ。

今の平和を持続させて行くには若い人の方にかかっています。自由な社会の中では至難の業かもしれません。戦争の元となる思想・宗教・経済・科学等々様々な要素がありますが、自由の素晴らしさと共に他人を思いやり認め合って生きる柔軟な考えを持つことも大切です。これからの若い人たちはこれら総ての幅広い知識を身に付けてお金や物質等目の前の誘惑に惑わされることなく自分を意識して確立させ平和な世界を作って行けるように頑張ってほしいと願っています。それがこれからの世代を生きる若者の義務だと思います。今も世界の何処かで争いが絶えません。私たちの過去と同じ思いをしている人が沢山いることを考えると人間は何と愚かな動物でしょうか。戦争の無意味さは誰でもよく知っている筈なのに。一部の政治家や企業のために間違った道には進まぬように願っています。国と国、人と人との信頼関係が大切ですが人間の叡智を絞って根気よくお互いの為に交渉するのが政治です。国民の命や財産を守る仕事ではないでしょうか？　私たち被爆者の残された命は明日かもしれません。只この年齢までよく生かさせて頂いていると感謝の日々です。後期高齢者としてはこれから若い人の荷物にならぬようにと只それだけを祈っています。今は龍安寺の蹲の「吾唯足知」を人生訓として生かされてる身に感謝しながら終焉を迎えたいと願っています。

原爆の恐ろしさはその経験があってこそ分かるもの。経験なしには分かるわけがない。戦争を知らない人間が、国の方向を決め、国を変えようとしていることはとても恐ろしいね」と。戦争を知らない私たち。しかし、経験した人から直接受け継ぐことのできる最後の世代かもしれません。きちんと受け継ぎ、後世へ伝える事。同じ過ちを繰り返さない、繰り返させないこと。それが今を生きる私たちの使命なのではないでしょうか。

＊２０１０年、学生が制作したＤＶＤ「キミへのメッセージ　～もっとも若い被爆者の想い～」は、原爆小頭症患者である岸君江さんの証言をもとにしています。

自分自身が社会を作る一員であること

T・W

小学生のときに読んだ「はだしのゲン」は戦争の惨さを教えてくれました。長崎、広島の原爆、日本で唯一地上戦と

2015年8月に

戦後70年の重要な節目で過去の戦争の犠牲になられた多くの御霊に申し訳なく思っています。私がこの年齢まで生かさせて頂けるとは夢にも思いませんでした。人の運命とは計り知れないものです。毎年原爆記念日には自分なりの日記を書いてきましたが、今年の社会情勢や政治を見ると自由民主党の独裁政治になりかねないようです。安倍政権の口先で「国民の命財産と平和を守る」と言いながら憲法九条を自分勝手な解釈で歴史の教訓を省みず学者の意見も無視して、世界でも認めている憲法九条は平和の象徴である憲法九条なのにと腹立たしくなります。

第二次世界大戦に私たちは何も真実を知らされぬまま、鬼畜米英と蔑む政策に何の疑いも持たずに戦いに加担していたのです。今思うと教育の恐ろしさを痛感しています。国際外交は国と国との信頼が第一です。武器戦力で人の命をかけて解決出来るものではありません。それは人間の一番愚かな行為だと思います。現代の若い人たちは私たちの時代と違って自分の意見は発言でき行動することが出来るのですから、近代史をしっかり勉強すればおのずから正しい道が見えてきます。自分たちの時代で子子孫々まで禍根を残すことのないように自分の命は自分たちで守れるようにと願っています。

なった沖縄などからは戦争を二度と起こしてはいけないということを学びました。しかし、悲しいことに世界のどこかで戦争が起きており、民族や宗教争いだけでなく、戦争ビジネスまで生まれています。日本では様々な形で戦争へ参加できる制度が整備され憲法まで変えようとなってきています。政治の話はタブーという雰囲気が一般的にありますが、そんな雰囲気が政治への無関心層を増やし、今の政治をつくってしまっているのではないでしょうか。

そのようなか、佛教大学で平和について考える時間（講義や講演会、フィールドワーク、当事者との出会いなどで）があったことで、平和について向き合い、自分自身がこの社会をつくる一人だということや平和を願う気持ちが強くなりました。これまでもこれからも政治をつくるのは有権者である私たちであり、こんな社会になったのは私たちの責任で、変えていけるのも私たちで安倍内閣の憲法解釈の変更という節度のない安全保障関連法案の国会審議で集団的自衛権等々!!　自民党の議員の中にもっと議論をする余地があると言う人がいないのが不思議でなりません。非核三原則があると言うが、世界会議で核兵器は非人道的であるから絶対に保有すべきでないと世界の国々に宣言するべきです。世界唯一の被爆国である日本だから、頑として発言するべきだと思います。経済優先で戦争を知らない議員ばかりだが、どうして過去の歴史を真摯に受け止めて国民の為の政治が出来ないのが残念でなりません。私は後期高齢者となり老婆のたわ言と笑われるかもしれませんが、若い人にはもっと政治に関心を持って考えて欲しいと願っています。自分たちの将来のために頑張って下さい。

＊Ｙ・Ｎさんには第1回原爆展（２００５年）年に京都原爆被災者の会から語り部として来ていただきました。証言は初めてとのことでしたが、自分はケガも病気もしていないので、体験を語る資格がないと言われ、主に友人など他者のことを証言されました。本書の出版に際し、日記などを振り返りながら記憶をたどり、自分自身の体験の記録と若者へのメッセージを寄せてくださいました。

あるということを忘れずに、希望を持ちたいと思います。

最後に、家族や友人、大切な人との暮らしを脅かし、人としての尊厳を奪う戦争に対して「断固反対」。

原爆展に衝撃を受けて

松木綾香

１回生の頃に４回生の先輩が作った原爆展を見学し、衝撃を受けました。言葉にするのはとても難しいのですが、自分の中で何かが動いたような感覚でした。

それから毎年原爆展に行く機会があり、その度に原爆についての考えが深くなっていきました。４回生になり、原爆展を自分たちの手で作り上げていく立場になると、どのようにしたら一人ひとりが原爆について考えてもらえるか、心が動くのかを考えました。実際に広島の平和記念資料館に行ったり、原爆小頭症の方のお話を聞かせて

原爆症認定集団訴訟の原告として

小高美代子（2006年証言）

原爆に遭う

　被爆した当時、広島駅前の猿猴橋商店街にあった親戚の瀬川金物店の家で、親戚の家族と私もいれて7人、一緒に住んでいました。6日の朝、花子おばさんは強制疎開の建物取り壊し作業で出かけていました。もし、花子おばさんと一緒に行っていたら私も終わりだったと思います。取り壊し作業は爆心地の方でやっていたんですよ。あの朝はゆっくり起きて、8時に土間の炊事場の流しでお米をといでいました。おばあちゃんが「美代子さん、あんたは苦労がないから何も知らんのやろけどねえ、今普通の人はお米もなくなっちゃって、買うにもだいぶかかるのよ」とか言っていました。「ああ、そうなの」って返事しながら、お米をといでいました。そうしたところが、ピカーっときたんですよ。「なにいっ、これ」と思ったんです。稲光りが目に入ることありますよね。あれの数万倍といったぐらいの光でした。光は右のほうから来たのだけは覚えています。同時に、おばあちゃんが「としのぶー」と言って走りました。それだけはちゃん

いただきました。教えていただいたことや感じた事をそのまま伝えたいと素直に思いました。

　私たちが作った原爆展で少しでも心が動いた人が一人でもいてくれていたらいいなと思います。原爆展で平和について考える人が増えて戦争や原爆を他人事と思わない人が増えてくれると平和な社会になるのではないかなと思います。

　原爆展を開催したり、ゼミで絵本を作ることで原爆についての知識が増え、平和についてもしっかり考えることができました。今までは戦争に関わりがないとあまり考えることはありませんでしたが、1年間じっくりと原爆や平和について考える機会を持つことができて本当によかったと思います。

平和の思いを日常の中で発信していく

N・M

私が原爆展への取り組み参加を決め

と記憶しているんです。でも、それから先は全然知らん。あんなんで死んじゃったらほんと楽よ。全然知らないの。だから、いつも話すんですが、「ピカドン」というけど私は「ドン」は知りませんと。「ピカーっ」としか知りません。

だれも私を見ててくれたわけじゃないから、それこそ何分だったか、何時間だったか分からないんです。時計も持ってなかったし。とにかく真っ暗な、私がやっと歩けるぐらいのトンネル。その中を独りで歩いているんですよ。臨死体験というんでしょうね。死ぬ寸前だったんじゃないでしょうか。トンネルの中を泣きながら「死にたくない、死にたくない」と、おそらく絶叫したと思います。そうしたら、ぱあーっとオレンジ色ですよ。目も開けていられないほどの明るさ。「わっ、なんだろう、これ」と思ったときに、小さいころから神様、仏様には手を合わせなければいけないとしつけられてきたから、「あーっ、これは仏様の後光だな」と思ったんです。ああ、助かったって。うちの母がね、息子２人が戦地に行っていたので、夕方になると神社に参ってよくお百度を踏んでいたの。それを私知っていたから、ああ、お母さんが助けてくれたなあと思ったんです。

われに返って、自分はどこにいるんだろうと思いました。左隣が野瀬時計店、右隣が折尾薬局。時計店はモルタル塗りの３階建て

たのは、もちろん平和な世界を実現したいという願いや被爆国日本で暮らす市民としての責任に起因するものでした。そして、何よりも同じ平和な世界を望む仲間の存在が大きかったように思います。当時の私にとって、政治的な話や戦争平和への想いなどを共有できる場所、そして仲間というのは決して多くはありませんでした。私がどのような世界、社会で生きていくかということは、とても大切で重要なはずなのに、私の周りでそのような話が聞こえてきたことはほとんどありませんでした。だからこそ、原爆展を通して知り合った仲間たちは私にとってとても新鮮で自然な存在でした。社会に出る前の大学生時代に彼女たちに出会えたこと、そして戦争の悲惨さを再確認し二度と繰り返さないという想いを強く持ち、発信することができたということは現在の私にとってとても貴重な経験となりました。

だったんですが、なんと時計店の3階、といってもつぶれかけていたから2階ぐらいの高さになっていたのですが、その3階の屋上（庭になっていて、私は一度も上がったことがなかった）に下駄をはいたまま立っていたんです。いつから立っていたのか、ちょうど立ち上がったときわれに返ったのか、そんなことは分からなかったけど、「あらっ」と思って瀬川のほうを見たら家はペシャンコになっていました。2階建てだったから全部がペシャンコというわけじゃなかったけど、ほとんどつぶれかかっていた。2階の屋根は吹っ飛んで床の間がさらけ出ていました。瀬川の家に爆弾が直撃したんだと思いました。

道路をはさんで、向かいが帽子屋さんでした。カンカン帽なんかが散乱していました。そしたらね、向こうのほうから逃げてきた人が、その帽子の一つを取ってかぶって行くの。何てことすんのよ、こんな時にと、ハラが立ったことを覚えています。

隣家の屋上でわれに返ったときは、どこかに怪我とか、痛みとかを感じませんでした。なんとも思わなかったんです。被爆直前は家の中にいたのが、外で突っ立っていたんだから、怪我して当たり前でしょ。結構飛ばされたのではないかと思うんですが、どうしてか、いまだに分からない。瀬川の家のだれも見当たらない。あら

在学中には、原爆展に取り組んだ仲間たちと、原水爆禁止世界大会へ参加し、核のない平和な世界を願う全国各地の若者たちと交流しました。沖縄へも足を運び、戦争体験者の方からお話を聞くことができました。戦争を体験していない私は、それまでは戦争の悲惨さを想像することはできても、実際に心で感じることは難しかったというのが正直なところでした。しかし、広島や長崎、沖縄などに足を運び、自分の目で見て、その地でしか気づけない戦争の傷跡に向き合うことで、数十年を越えた痛みの共感ができたように思います。自分が知りたいことや理解したいことは時間がかかったとしても、とことん納得できるまで学ぶということがとても大切だと実感しました。原爆展に取り組んだことやそこで出会った仲間たちは、平和への想いに確信を持たせてくれる大きなきっかけでした。

現在の日本はというと、戦争の足音

あ、えらいことになった。とにかく助けなきゃいかんと思って、なんとか下に降りて瀬川の家に戻り、「としのぶちゃーん」と叫んだら、どこからか紀伸ちゃんがちょろちょろっと出てきたの。うれしくて思わず抱きしめました。そして、「紀伸ちゃん、動いちゃだめよ。いまね、お姉ちゃんやらおばあちゃんを助けるからね」と言ったら、「うん」とうなずいた。それから「としえさーん」と叫んだら、「お姉さーん」という声が聞こえました。「どこなのー」と言ったら「ここ」という声と音がしたの。「ここから手を入れるから、私の手につかまって出てきてえ」と言うと「うん」と。利江さんは胸を患って、この朝も床についていたんです。手を引っ張ったら出てきました。「よかったねえ」という間もなく、こんどはおばあちゃんです。

「おばあちゃーん」と叫ぶと、「ここー、助けてえ」と声がしました。ところが棟木の下敷きになっていました。一番下でね。それから私、利江さんと紀伸ちゃんに「待っててよ、動かないでよ。おばあちゃんを助けなきゃならんからね」と言って、外へ飛び出したの。隣の折尾薬局もつぶれて、うめき声が聞こえていたけど、私、それどころじゃないんです。

とにかく自分とこに爆弾が落ちたと思っていたでしょ。瀬川の家も、あの辺じゃ古い家だから、近所の人が何もなければ助けに来て

がすぐそこまで聞こえている危機的な状況です。国会前や街中などで平和と民主主義を願う若者の活躍を目にする機会が増えたことは、とても心強く希望を感じられることですが、それだけ現在の日本が危機的な状況であるということを感じずにはいられません。昨年９月の安保関連法案強行採決は憲法９条が守り抜いた戦後70年続く戦争をしない日本を手放したということだけでなく、この国の民主主義そのものを蔑ろにする現政権の象徴的な姿です。今まさに平和な日本を守り抜くためには何ができるのか自分自身に問う日々です。

私ができることは本当に小さく微々たるものですが、原爆展に携わった当時の想いを持ち続け、温め育て、日常の中で発信していくことだと思っています。あのように悲惨で誰もが痛み傷ついた出来事を二度と繰り返さないために、私たちは常に学び、仲間同士繋

くれるんですよ。私、そう思ったから、「瀬川のおばあちゃんが下敷きです」と叫んで飛び出したのね。その時よ。爆心地のほうから、ぞろぞろぞろぞろと、どろどろになって皮がむけて大やけどした人たちが来るの、来るの、来るの。「何、これっ」と思った。いやあ、こんなことってあるのかと。生き地獄という言葉があるけど、これこそ生き地獄だなと。じいっと見た、私。もう、皮はべろっとむけ、ぶら下がってね。これまでの手記にも書いたけど、人間といっても、美人も不美人も男も女もありゃしない。みんな焼けただれて、ぷうっと顔がはれてね、お地蔵さんの顔なんです。リンパ液が出て、目も鼻も口までもはっきりしない。手は指がやけどでくっつくから、こうやって（両手を広げてぶら下げるかっこうをする）。誰も恥ずかしいとか、怖いとか、いやらしいとかないですよ。みんな気がおかしくなっているんですもの。来る人、来る人、みんなそれ。皮膚がむけてぶら下がってる。あんな悲惨なことはありません。

そうこうするうちに、近寄ってくる人がいるの。あっ、だれこの人、という感じ。そしたら「美代子さん？　みんな大丈夫？」というから、「おばさん？」って言ったら「そう」。「えーっ、どうしたの」と聞いたら、「こうなった」って。焼けただれ、皮膚はべろべろにたれさがり、だれかすぐには判らないほどひどい怪我だった。だからね、

がらなければなりません。微力ではあるけれど決して無力ではないということを私は忘れません。

私は今、教育に携わり毎日子どもたちと過ごしています。生きづらい社会は真っ先に子どもたちの生活や人格形成に影響を与えます。貧困は貧困を呼び、想像を絶する生活を余儀なくされている子どもも少なくありません。教育というのは充実した福祉の土台の上にしか成り立ちません。子どもたちの背負う大変な家庭環境に出会う度にそのことを強く感じます。そして、充実した福祉というのは誰もが生命の危機に脅かされることのない平和の土台の上にしか成り立ちません。平和を守り、福祉を充実させ、子どもたちが安心して学びに夢中になることが、未来への希望です。私は、温めた平和への想いを現在の私の場所で、私なりの実践に変えて取り組んでいきます。

利江さんと紀伸ちゃんは大丈夫だ、おばあちゃんは下敷きになっているけど自分が必ず助け出すから、と告げ、「救護所に行って手当てを受けて」と言ったら、「ありがとう、お願いね」と花子おばさんは言って、そこで別れたの。そして通りかかった人に救出を頼み続けました。学生が３人ほど通ったから、「すみません。おばあちゃんが下敷きなんです。助けてください」と言ったら、「どこ?」と言って来てくれたの。だけど、「ああ、気の毒だけど、このおばあちゃん助けたら僕たちが下敷きになる」って。どうしてあげることもできないからと行ってしまいました。こんどは元気そうな兵隊さんが足早に歩いているから、「すみません。兵隊さん、助けてー。下敷きになっているんです」と頼むと、「何やってんだ、ばかやろう。お前のとこだけじゃない」と言われました。仕方がないからまた戻ってくると、おばあちゃんは「助けてー」と言っている。その時、私、ああ、私が助けなきゃ助ける者はいないと思いました。

どうしたら助かるだろう。いっとき考え、そして見回していたら、棟木の向こうの隅の方に、木で作った紀伸ちゃんのバスの玩具がぽっと引っかかっているの。それがヒントになったんです。なぜか、土を掘ればいいんだと思いついたの。そうすれば空間ができると。よおし、と思って、「おばあちゃん、我慢してよ。今から掘るからね」と言って、その辺のガラクタをどけて、自分でパタッと寝てね、おばあちゃんを引き出せるよう、手で必死になって掘りました。地面が土だったからよかったのね。掘って、掘って、掘って、引っ張り出したら、ようやく棟木の下から出ることができました。助かるなり、おばあちゃんは「さあ、美代子さん、逃げよう」って言うの。人間なんて、気が張ってると痛くもかゆくもないのね。

みんなで逃げた

それから、みんなで逃げたんです。避難のため広島駅の北方にある中山村の農家へ向かいました。そこは瀬川の家と知り合いで、何かあったらお願いねっていう関係だったんでしょうね。紀伸ちゃんをおぶって、おばあちゃんと利江さんを連れ、行きかけたんだけど、あっ、私、何も持ってない、と気づいたんです。おばあちゃんに「お父さん（夫）から預かっている大事なものがあるから家に帰ります」と言ったら、おばあちゃんは「もう美代子さん、いいじゃないの。またグラマン（戦闘機）が飛んできて殺されるから、このまま逃げよう」と言ってくれたんだけど、「私は軍人の妻だから、するだけのことをしなかったら申し訳が立たない。おばあちゃんたち先に逃げてください」といって家に戻ったの。

主人が軍人だったでしょ。水筒、図嚢（ずのう＝地図などを入れ腰に下げる小型かばん）、双眼鏡と軍刀。いつ転属になって必要になるかもしれないから、これだけは守らなきゃいけないと思い、一式持っていたの。花子おばさんのところに世話になった1週間は2階の客間の床の間に軍刀を置いていました。当時はコチコチの軍国少女で、軍人の妻の意識が強かったんです。幸いなことに、さらけ出ていた2階の床の間付近に散乱してはいたけどオムツの入ったリュックなんかも含めてみんなあったし、軍刀もちゃんとありました。

それらを持って外に出たら、水道管が破裂して水が出ていました。はっきりいって、あの原爆のとき、水筒を持って逃げたのは私ぐらいしかいないと思う。たまたま主人のを取りに帰って持っていたわけ。それに水道管破裂で出ていた水を入れました。

広島駅近くの東練兵場あたりではパター、パターと倒れていく人たちをたくさん見ました。兵隊さんも余計倒れていました。歩いていた中に女学生と思われる人がいました。セーラー服みたいなんだけどビリビリになっていて、その人が取りすがって私に「お願いだからお水をください」っていうんですよ。見たらもうすごく焼けて顔はくしゃくしゃ、ひどい状態。私ねえ、小さいとき、母だったか、「美代ちゃん、大きな怪我をしたり、大やけどしたりしたとき、水がほしいと言われて、あげたら、それが命取りになるんだよ。そういうときは飲ましちゃだめなんだよ」といわれたことがよみがえったの。「私、あなたに水あげるのはなんともない。みんなでも飲ませてあげたい。けれども、いま水を飲ませたら、あんた、ここで倒れる」と言ったの。「お父さんやお母さんに会わなきゃいけないいんでしょ。それまでがまんして。本当に心を鬼にして言いたい。ここで倒れたらだれにも会えなくなるでしょ。だからお水飲まないでほしい」と言ってそこを立ち去ったの。だから、今も胸が苦しくなります。あの子はとてもじゃないが途中で倒れたろうなあ、それなら私が最後の水をあげるべきだったかなあと思うわけですよ。

黒い雨に遭う

どれくらい経ったか分かりませんが、中山村へ行く細い農道を、とんとことんとこ歩いていたら、パラパラパラっと雨が降ってきました。もうほとんどだれもいなかったと思います。濡れるのがいやだし、ふっと見たら道端に人が一人入れるぐらいの小屋がたっていました。その中に入って、手を出して落ちてきたのを見たら、コールタールを薄めたような雨でした。30分ぐらいかなあ、そこにいたの。後に久世診療所でその話を先生にしたら、「小高さん、よかったねえ。そのとき雨に打たれていたら生きてないよ」と言われました。

避難先の中山村でのこと

農家でおばあちゃんたちと合流しました。おじさんは糸崎という駅に行っていて直接被爆は免れたけど、夕方、瀬川の家に帰ってきたら、もう焼け野原だったそうです。次女のさとよさんは当時広島女学院に通っていて、あの朝は勤労奉仕だと思うけど出かけていき、爆心地に近いところで被爆し、血みどろになって夕方、農家に来ました。

おじさんには花子さんが救護所にいるから迎えに行ってあげて、と言いました。おじさんは借りたリヤカーを引いて出かけました。私、「おじさん、普通の考えで行ったらだめだからね。想像つかんかもしれないけど、普通の考えじゃあ見つからないよ。大きな声で、梅木花子って呼んで回らないとだめだよ」と言ったの。おじさんは「おらんやった」と帰ってきました。「ほら、みてごらん。だから言ったでしょ。おじさんが考えているような状態じゃないんだから。もういっぺん行って、花子って呼んで捜して」と言いました。そしたら今度はリヤカーに乗せて帰ってきたんです。でも花子さんはもう寝られないの。身体中焼けただれているから。痛い、痛い、痛いと言うけど、薬もなにもないんだから。においばかり臭くってね。どんどん腐っていくんだから。背中なんかはもうウジがわいているんですよ。紀伸ちゃんも「お母さん、怖い」といって近寄らないの。そして1週間後に亡くなりました。

私はというと、農家の人たちがご飯を炊いておむすびをつくるというので、自分じゃ元気だと思っているから、「手伝います」と申し出たんです。「奥さん、大丈夫ですか」と聞かれたので、「大丈夫です。すみません、暑いから、これ脱がせてもらいます」と、着ていた藤絹のワンピースを脱いだの。下はシュミーズ1枚ですよ。それで手伝いにかかろうとしたら、横になっていた人たちが「奥さん、背中が真っ赤よ」と言う。血でね、上から下まで真っ赤になっていたの。もうバリバリに固まっていました。「大丈夫です。痛くないからいいです」と答えて、おにぎりつくった。そんなもんなのね、ああいう時って。背中はガラスの破片でやられたのだと思う。その後5年ぐらいチクチクと痛みました。破片が入っていたのではないでしょうか。

夜になって、寝ようと思って横になりました。あの日のことだから布団もなにもなく、畳の上にただ横になったのだと思います。そしたら、なんかお腹が痛くなってきたの。私、大げさだからすぐ言葉に出してしまうんだけど、「お腹が痛い、お腹が痛い」って言ったの。妊娠５カ月だとも言ったと思います。そしたら、同じように横になっていた人たちが頭を上げてね。「いやあ、奥さんね、みんな希望もない、真っ暗やみの中、せめてその赤ちゃんだけは生まれてほしいね。みんなで祈りますよ。おりなきゃいいですけどね」って言ってくれたんです。お医者さんがいるわけじゃないし、お腹をさするしかなかったんですが、そのうち眠ってしまったんでしょうね。朝起きたら、なんでもないの。「ごめんなさい。あれだけ騒いだけど、痛くもなんともない」と言ったら、「よかったねえ。しっかりとしがみついていたんでしょう。」と言ってくれました。

救護所での出来事

救護所はいくつかあったみたいです。世話になっていた農家の１、２軒先にもありました。学校の講堂みたいなところで、そこにむしろをひいてみんな寝ているの。焼け爛れた人が寝て、うめいています。かわいそうだけど、何もしてあげられない。そしたらねえ、わりと元気そうなおじさんがリュックを背負って家族を捜しているんですよ。「〇〇ちゃん、〇〇ちゃん、いないか、いないかー」と声を出してね。そうしたら「ああー」と女の子の声がしたの。すると、そのおじさんが私の方に近づいてきて、「私の娘だが、もうもたない」と。そして「お母さん、お母さん」と言うって。お母さんはどこかで倒れて死んでいるんだと思うので、だから悪いけど「〇〇ちゃん」と呼んでやってくれないかと私に言うんですよ。私ねえ、まだ20歳でしょ。「そんなことできない」と断ったんですが、「なんとか頼みます。最後だろうと思うから」と言うんですよ。そんな罪深いことできない、どうしようと思ったけど、そのおじさんが必死になって頼むので、決心して、そばに行ってあげたの。でも、「違う。お母さんと違う」ってその子が言うんですよ。そんな思い出もありますよ。今でも思い出します。かわいそうだったなと。

その後、農家には6日と7日の2日間いました。食べ物は思い出せません。多分おにぎりみたいのばかり食べていたんだと思います。衣類は着の身着のままですよ。ワンピースを洗濯して着替えたのかなあ。リュックの下の方に少しは下着とか着替えを入れていたかもしれない。私としても、避難先の農家は知らない人のところで気兼ねだし、そうこうするうちに主人の知り合いがうちに来ないかと言ってくださったので、8月8日に五日市のほうに行きました。中山村から広島駅に行きましたが、乗り物はありませんので、また町の中を歩いて己斐という駅まで行き、やっと電車に乗り五日市にたどり着きました。町の中でどれほど死体を見たことか。死体、死体、死体でした。その死体を重ねてガソリンをかけて焼いているにおい。川を埋める死体…。こんなことは経験した者しか分かりません。

何年も原爆とは知らなかった

落とされた爆弾が原爆ということは、その年なんかには分かりませんでした。何年かあとですよ。今でも覚えているのは、8月8日に中山村を離れ、広島に出てきたとき、広島駅の横の死体がいっぱいあるそばに紙が張ってあり、「特殊爆弾の落下によって…」と書いてありました。ああ、特殊爆弾というのを落とされたんだな、と思いました。それから五日市に行った翌日の9日、被災者に何らかのものを配るから集まってくださいとお達しがあって、並んでたんですよ。みんなわれ先にと殺伐としていました。そしたらね、「ただいま広島で落とした爆弾と同じ爆弾を持ってると思われるB29が九州の方に向かって飛んだ」って言うんです。たしか、ラジオか何かが言ったんじゃないかしら。まあ、それまで私が先だ、後だと言い合っていた人たちがクモの子散らすように誰もいなくなった。あっという間ね。私も逃げた。だから何の配給だったのか、いまだに知らないんです。何か、今考えても夢みたい。こんなことってあったのかなと思います。

血が止まらなかった

五日市の知人宅にお世話になって、間もなくでした。お勝手でちょっと指を切ったら、血がいつまでも止まりませんでした。頭に櫛を入れると、まとまって異常に髪の毛が抜けるようになったのも、そのころでした。10月半ばごろ、アメリカ軍が上陸してくるので婦女子は何とか逃げてくれというお達しがあったと思います。それで山口県の母の実家に引き揚げ、翌年（1946年）1月8日に娘を出産したのです。

満80歳になって（2004年）

よく生きとると思いますよ。それが第一印象やねえ。80なんて他人の歳であって自分が生きるとは思わなかったし、ましてああいうことがぶつかってきてるのにねえ。こんなに生きていいんだろうかと思うぐらい。人間って死ぬときが来なきゃ死ねないんだなと思いますよ。だからまあ、今年ね、兄弟のうち最後に死んだ兄（好夫）の1周忌をしたんですがね。兄は沢山いたのが、みんな死んで、いのちを私にくれて…。その兄も生前は東京にいたから、「お兄ちゃん、私、足悪いから、死んで葬式やっても東京に行けないからね。早く死なないで」って。私より4歳上だったから、「ひとりになってさびしいから死なないでよ」って。私、一番下だから、全部の兄弟で泣いてきていると。だから「お兄ちゃんぐらいは、私が死んだのを泣いてくれる?」って言ったら、「何言ってるんだ。おまえは元気で生きていてくれなきゃ困るんだよ。お葬式なんか来んでいいからね」って言うから、「私、もういやっ」と言ったの。そんな話を電話でしてたじゃないですか。それが本当になっちゃったんで、ああ、私だけになっちゃったなあ、とつくづく思います。

肥田医師の証言記録を読んで

数日前、原爆症認定集団訴訟*を担当している弁護士さんが書類を送ってきました。肥田舜太郎さんが裁判で証言なさった話が詳しく書いてあるの。これは何としても読まなきゃ申し訳ないと思って、2日半かかってテレビも何も消して、一生懸命読みました。専門的な医学のところは理解できないことあるけど、2日半かかって読み終えて、私、手がふるえてきたわ。私たち被爆者といったって、要するにピカッと光ったと同時に、わけ分からんようになって、気がついてからは外に飛び出して悲惨な被爆者の姿を見たけど、外見だけですよね。中山村へ逃げ、五日市へ逃げ、東京に逃げ、京都へ逃げて来たにすぎない。肥田先生は、うちの亡くなった兄と同じ年の生まれ。私20歳だったから、7つぐらい年上だったたんだなあと思いながら読んでいきました。先生の8月6日朝のこと。原爆の火柱を見た話。それから、被爆者のすごい様子。目が飛び出し化け物みたいだった人の話とか。読んでいくうち、私、被爆者だなんて言えないわと思った。すごかったんだなあ、この人、お医者さんなんだから、そういう被爆者の人たちとずっとかかわってきたんでしょう。外国の核汚染地域にも行って、いろんな研究もされてきたんですね。それでも結局「わからん」と書いてある。分からないけど、表面的なことより、口や鼻から吸ったガスが体内に入って、いろいろ痛めつけられているんだと。私、ああ、それじゃねえ、お腹の中に娘いたから、大丈夫だと思っていたけど、あの子は40代で子宮がんをして子宮をとってしまったけど、やっぱり悪いガスを吸っていたのかなと思ったりして。娘には、これ（証言記録）は子々孫々に至るまで宝だからとっておいて読みなさいと言おうと思ったんです。徳岡さんには手紙を書いて、「目もろくに見えないし、すぐに疲れるので、本当ならどんどん裁判にも行くべきだと思うけど、ごめんなさい。出られるようになったら、京都原水協事務局の田淵啓子さんに連れていってもらいます」と出しておきました。みんな一生懸命やってくれているんだなあと頭が下がりました。

＊小高美代子さんは、原爆症認定集団訴訟の原告のひとりです。今も身体のだるさは続いており、１９９６年に甲状腺機能低下症と診断され治療を受けています。２００６年の原爆展以降、何度も証言に協力をいただいています。

＊原爆症認定集団訴訟
２００３年から「自分の病気や怪我は原爆によるものだと認めてほしい」と原爆症認定の集団訴訟が行われてきました。それまで、認定率の低さは原爆症認定集団訴訟の大きな要因となってきたのですが、原告である被爆者が勝訴し続けた結果、２００８年に国は新しい原爆症認定基準の見直しを行いました。新基準は救護被爆者に放射線の影響を認めるなど認定の枠を広げました。しかし、被爆距離や滞在時間だけでなく、被爆状況や疾病で線引きがあり、残留放射線や内部被曝など個々の被爆状況が十分考慮されていない問題点が残り新たな訴訟が行われています。

都市・ヒト・社会の瞬時的・全面的崩壊

永原　誠（2007年証言）

今、私は、久間（前）防衛大臣、麻生外務大臣、そして安倍総理大臣、このお3人にみなさんといっしょにここに座って、以下の話を聞いてもらいたいものだ、という気持でいます。久間氏は「広島、長崎はしょうがなかった」、麻生氏は、この4月のことですが、「日本もぼつぼつ核兵器を作る研究をはじめてよいのではないか」と、それぞれに発言されました。安倍氏はといえば、5年前早稲田大学での講演で、「水爆だって作っていいんですよ、今の憲法のもとでも」と言われたことを、当時の『サンデー毎日』がすっぱ抜いています。現在の日本の権力中枢にある人々は、原爆の炸裂に実地に身をさらした者の話をまじめに聞いたことがないのだ、と憶断せざるを得ません。そんな人々が政治の舵取りをやって、核兵器の廃絶どころか核の魅惑のとりこになっている。おそろしい話です。

以前に読んだある本に、広島と長崎で起こったことは「都市ヒト社会の瞬時的・全面的崩壊」であったと書かれていました。私が62年前に広島で味わったことを端的に表現しています。人間が都市を作って営んでいる生活のなにもかもを一瞬のうちに失う、ヒトがヒトとして生きてゆく条件のすべてが一挙に奪われてしまうとは、いったいどういうことであるのか、その一端を私と私の一家の体験に即して具体的に紹介することにします。

戦争末期の広島

私の生家は７人家族、何代も前からの広島の住人でした。私が歳３つの時に日本の中国東北部侵略によっていわゆる15年戦争がはじまり、その果てに原爆に見舞われるのですが、すでに人間らしい生活の崩壊は私の幼少時から、あの面この面で徐々に兆しを見せていました。とりわけ原爆投下の前年、１９４４年秋の頃からは、今の若い皆さんには想像もできないような異常な生活が、日常のものになりはじめていました。その辺のことから話をはじめたいと思います。

まず、一家７人がいっしょに暮らせなくなっていました。両親と子供５人、私が長男で、２つ下に弟がいて、その下の３人が女の子。この写真は原爆で死んだいちばん上の妹と、末の妹のものです。ずっと幼い頃の肖像ですが、これしか写真が残っていません。私には昔のアルバムも、死んだ肉親の遺品もないのですよ。原爆が何もかもを焼いてしまいました。この末の妹は空襲の危険を避けて田舎の遠縁の農家に、写真に出てこない小学４年の中（なか）の妹は学級ぐるみもっと遠い田舎町のお寺に、それぞれ疎開して、原爆当日には５人だけが広島市内に居合わせました。とりわけ母親にとって、かわいがっていた娘２人と離ればなれに暮らすことは、身を切られるようにつらいことだったようです。残りの５人も、父親は後に述べる事情で抜けて、母、高校文科２年の私、中４の弟、女学校に入ったばかりのこの上の妹の４人で古い平屋の自宅に寝起きしていたのですが、その自宅がまた異様な有様になっていました。44年の秋以降、天井を取っ払って、屋根裏が直に見える部屋で暮らしたのですよ。また、寝る部屋と茶の間を除いて、すべての畳と床板は取り外されていました。空襲の際、焼夷弾が屋根を突き抜けて床下まで一挙に落ちれば、消しやすくなる、という軍部の「知恵」でしたが、まことに荒涼とした屋内での暮らしでした。隣組を通じて当局の指示として強制されたわけで、指示に従わないと誰が憲兵隊に密告するかわからない、そういう隣近所どうしの不信と猜疑までつきまとう、暗い暗い日常です。暗いといえば、電気は優先的に軍と工場に廻されるので、一般家庭の電灯は電圧が極度に下がっていて、蝋燭よろしくの有様でした。食料の配給も、とりわけ都市では量質ともに最低の限界に達しつつありました。原爆当日のわが家の朝食、得体の知れない草をたっぷり混ぜた塩味の団子、1人1つ。お茶の葉すら味気ない代用品。お腹は常時空いていました。

私は当時17歳、兵力の消耗で、徴兵年齢が44年秋には本来の20歳から17歳にまで引き下げられ、おまけに高校も文科生は徴兵猶予の特典が取り消されていましたから、30数名の同級の学友も次々に軍隊に取られて、半分ちかくになっていました。授業は入学後2カ月で打ち切られ、その後は工場でなければ農村への「勤労奉仕」の毎日です。45年の3月、播州赤穂の中島航空機分工場に半年のあいだ泊まり込み、零(ゼロ)戦のエンジン部品を加工していた生活を終え、広島に戻ってきましたが、先生という先生が理科生といっしょに呉軍港の工場施設に出かけていましたから、授業は実施不能。代わりに「学園防衛」を命じられました。何のことはない、朝8時から終日、学校のガラス窓というガラス窓に爆風対策の紙の目張りを施す作業のことです。寒々とした家庭の朝晩、いつ赤紙が届くかもしれない不安、無意味と思える単調な目張り作業、そして常在する空腹、「勝利の日まで、勝利の日まで」という歌をラジオがしきりに流していましたが、誰も内心ではそんな日など信じていない一種捨て鉢な気分でした。そういう灰色一色の歪みきった暮らしのなかで、8月6日は訪れたのです。

原爆炸裂——熱線、衝撃波、原子雲、そして一斉炎上

私たちはちょうど朝8時過ぎの点呼の最中でした。17名ほどが、かなり頑丈な2階建て木造校舎の南際の芝生で横一列に並んで、順番に呼ばれる氏名に答えていました。その時、急旋回する飛行機のエンジ

ン音が不意に遠くで聞こえたのを憶えています。コンピュータ画像ですが、これが弾倉を開いてリトル・ボーイというあだ名の原子爆弾を投下した瞬間のＢ２９「エノラ・ゲイ」。広島市に東方から進入した同機は、この直後エンジンを全開して急速度で北方に退避しました。うかうかしていると、43秒後に炸裂するようにセットされたリトル・ボーイに自分もやられてしまうからです。広島高校は爆心からほぼ２・５キロ離れていましたから、クーンという旋回音がＢ２９から届く時間を差し引くと、ほんの数秒後のことだったのでしょうか、突然南面して立っていた私たちの目の前のすべての物が、空といい、地面といい、向かいの講堂や木立といい、今までに見たことのない異様な色に染まりました。赤、黄、青、紫、桃色、緑…そのどれでもであって、どれでもでないような、強烈な光の洪水でした。これが爆心地点５５０メートルの上空で爆発したリトル・ボーイからの熱線だったと知ったのは、ずいぶん後のことです。幸い爆心は学校の西北方向に当たり、先述の２階建て校舎が熱線を遮蔽してくれたので、私たちは直射を免れましたが、もし直接被曝していたら背面に火傷は免れないところでした。なにしろ爆発が作った直径２００メートルの火球は、表面温度が太陽にほぼ等しいのです。小さな太陽が一瞬の間２キロ半向こうに生まれていたのだ、と考えてください。

私たちは目の前を染めた妖しい色と光に、本能的に数歩後退しました。すると次に、まるで鋼鉄を金属鋸で切ってゆくような（と瞬間的に思えたのですが）、シャーーーーというこれまた異様な音が接近してきたと思うと、半ばは何かの力に足を掬われ、半ばは自分から本能的に芝生のうえに身体を倒していました。原子爆弾の爆発は、まず熱線を四方八方に照射すると、次に秒速４００メートルとも、５００メートルともいわれる衝撃波を送り届けてきます。（熱線と同時に、あるいはそれよりもっと早くから襲ってくる、目に見えぬ放射線のことは後述します。）この衝撃波の破壊力は２・５キロの地点でもすさまじいものでした。芝生に伏せて目と耳を指で強く押さえて防護していても、衝撃波が2階建て校舎を破壊して通過してゆくけたたましい物音、破壊され粉砕されたすべての物の塵や埃が光を遮蔽して現出している真っ暗闇は、私たちにもはっきり知覚できました。一度だけ、私たちを包む轟音のただ中で片目から指を外してちらと四囲を窺おうとしたのですが、5センチ先の芝草の一葉が暗黒のなかでちりちりと揺れているだけで、その向こうは灰黒色の一面の闇だったのを思い出します。この校舎、あとで調べてみると、屋根も2階の床も抜け落ち、私たちが目張りした窓は窓枠ごとどこかに吹っ飛び、取り壊すしかない廃墟に変わっていました。

静かになってから数分たって、おそるおそるあたりを見回すと、視界が数メートルほど開けていましたので、三々五々起き上がって、100メートル先の広い校庭に作ってあった本格的な待避壕に走り込み、じっと息をひそめていましたが、何も起こる気配がありません。いちばん勇気のある学友が恐るおそる外に出ていって、「大丈夫のようだ、みんな出てこーい」と声をかけてきたので、全員おそるおそる壕から出てみると、一見何事もなかったように朝の日差しが校庭の夏草を照らしています。私たちは恐怖と緊張から不意に解放された者のつねとして、げらげら笑いが止まりませんでした。が、すぐに誰かが大声で、あれ見てみろと叫び、空を指差しました。そこには北の方角一面に、原子雲が発達しつつありました。不気味な雲でした。入道雲そっくりの真っ白な巨大な雲塊が、見る見るうちに膨れ上がってゆき、あの隅この隅が一瞬ですがぱっぱっと、先刻見たあの赤、桃色、緑などの不気味な色を放つのです。笑いはすぐに消え、皆が黙って空を見上げていました。この雲の脚部には、熱線が爆心から半径2キロの範囲ですべての可燃性物質に火をつけ、全市の一斉炎上を惹起した大火災の黒煙も混じっていたに違いありませんが、川ひとつの差で類焼を免れた高校にいる私たちには、知るよしもありませんでした。

学園防衛が任務であるとして、私たちはキャンパスを離れることを禁止されましたが、親しい友達のひとりと一度正門のところまで行って、外を窺ってみました。そして声を失いました。正門の前を南北に走る道路の南端には公立の病院がありましたが、その病院を目指す何千という負傷者が、とだえることのない縦列をなして通過しているのです。私たちよりもっと近距離で被爆したこの人々は、ほぼ例外なく女性、老人、そして小さな子供たちばかりでした。火事の煤（すす）にまみれた衣服はちぎれ裂け、ほとんど素裸の人もいました。多くが火傷を負った人で、腕の皮膚が根元近くから剥離して物に触れると痛いので、薄皮を垂らした腕を前に突き出したまま歩いている人も少なくありません。しかしいちばん強烈に記憶に刻まれたのは、この人々を支配していた沈黙です。泣く人も、わめく人もいませんでした。一瞬のうちに命を脅かされ、家を失う災厄と出会って言葉を失い、ただ押し黙って、裸足で音もなく歩いてゆく人群れ。それはさながら幽霊の行列でした。

正午過ぎになってから、広島は全市が壊滅したらしい、生家が市内にあるものは防衛任務を解除する、という告知があり、私は学校を去って家族探しに専念することになりました。

もっと近距離で被爆したら

私の一家の残り４人は、あの幽霊の行列を作っていた人々と同様、いずれも私よりもっと爆心に近い地点で原爆と出会いました。近かった順に、それぞれの体験を簡単にお話しすることにします。

爆心から推定６００～７００メートルで被爆したのは、広島高等師範学校の英語教員をしていた父敏夫、48歳でした。英語ができるというので、当時政府が親日派育成目当てに東南アジアから連れて来た留学生たちの居住施設、興南寮という名でしたが、そこの学監に任命されて寮生と起居を共にし、めったに家に帰ることはありませんでした。6日当日には8時すぎに寮を出て、マレーシアの学生1人と学校に向かっていました。川に沿った路上を歩いていたのですから、熱線をもろに受け、次いで衝撃波に吹っ飛ばされて大怪我（けが）をしたはずです。2人とも血まみれになって、肩を組んでよろよろ歩いていたのを目撃した生存者の証言がありますから、間違いありません。その後、一斉炎上の火をくぐって、市西部の郊外（己斐（こい））を目指したようですが、明治橋上で力尽きて焼死しました。マレーシアのニック・ヨゼフ君は廿日市（はつかいち）までなんとか辿りつきましたが、翌朝死亡しています。父親の屍体は学校の教職員の方々の手で、翌日収容されました。廃墟と変わった学校を8日午後に訪れた母親と私が対面した父は、両手両足は根元から焼失し、目鼻立ちも判然としない、焼け棒杭（ぼっくい）さながらの真っ黒な物体に変わっていました。どうしてそれが父とわかったのかというと、捜索に当たられた方々が、道端や橋上にころがる無数の屍体をほんとうに丁寧に調べてゆかれたおかげです。父はうつ伏せになって死んでいましたが、表返ししてみると、ズボンのベルトの金属製バックルだけ焼失を免れており、誰かが「あ、これは永原先生のバックルだ」と気づいてくれたのだ、と聞きました。このバックルはいま、立命館大学の平和ミュージアムに寄託されています。

その次に爆心に近かったのは、写真の上の妹、12歳になった信子です。900メートルの距離で被爆しました。8月6日は月曜日、広島市内の中学生・女学生のうち、あわせて6千数百人を数える1、2年生全員が、都心部に防火帯を作る作業にその日から1週間の予定で動員されました。強制立ち退き命令で空き家にした建物をこわして、幅100メートルの空き地を作り、火災が広がるのを食い止めるというアイデアです。信子の女学校の生徒たちは、雑魚場（ざこば）町に配置されました。前日倒された民家から彼女がまだ使える瓦を集め、積み重ねて運んでいる最中に、原爆が真っ正面で爆発しました。前半身に重度の火傷を負った彼女は、暗闇と火焔のなかをいちばん近くの川土手に避難したそうです。しかし火災が次第に近づいてきたので、土手上の避難者たちは川に入ります。だが一斉炎上の火勢は並の火事とはおよそ別の質のもので、炎が川の面を一嘗めするとたちまち対岸も燃えはじめる、といった威力を備えている。信子は「火が川のうえまで来たので、水のなかにもぐった」といいます。でもそれでは呼吸ができないので、「時々鼻と口をちょっとだけ出して空気を吸っていた」のだそうです。そのうち火勢が衰えはじめたので、また土手に戻って待つうち、暁部隊という陸軍舟艇隊の救援艇に拾われて、広島港の沖にある似島（にのしま）の軍検疫所に午後早めに収容されました。

母親の嘉子は38歳、爆心の１・１キロ東北に位置したわが家にひとりいて、手箒で台所口を掃いていました。彼女は幸運にもかすり傷ひとつ負いませんでした。熱線は母屋が盾となって防いでくれたし、衝撃波が母屋を押し潰したときも、一歩だけ外にいたので無事でした。真っ暗闇のなかでしゃがんでいるうち、やがて視界が開けてきた彼女の目に映ったのは、彼女の言葉によると「まるで瓦の海」でした。「その海のあちこちからたちまち火が吹き出した」ので、嘉子は今も観光名所になっている縮景園に「瓦の海を渡って」逃れ、しかしこの広大な庭園にも火の手がまわってくると、裏手の川の縁（ふち）に沿ってもっと北の牛田町に面する川州（かわす）まで逃げのびました。実は私は、大火災を迂回して北へと辿るうち、学校を出て約２時間後、対岸からこの川州にいる母を偶然発見して、肉親のひとりとの最初の再会を果たしたのです。

彼女の話を聞いているうち、黒い雨がぱらぱらとひとしきり降ってきました。実に不気味な雨でした。黒い大粒の雨滴がゆっくり落ちてくるのが、早くから目視できるのです。川州に届いた途端、一滴一滴がぴしゃりと音を立てて、子供の掌大のタール状のしみを砂のうえに作ります。さっきはこれが土砂降りしたの、と母はいいました。原子雲の放射性微粒子が水蒸気に大量に溶け込んで生まれた異様な雨。彼女はびしょ濡れになっていました。川州では、同じ隣組の小さな印刷店の中老のおばさんとも出会いました。彼女は州の水溜まりの前に座り込み、自分のまるで風船のように膨れ上がった顔を水に映しながら、「ああ、ああ、こんな顔になってしもうて」と声に出して嘆いていました。私たち2人はこのあと、かねてから空襲で焼け出された際の避難所に指定されていた緑井（広島市から数キロ北の町）の国民学校まで歩いて辿り、その夜は学校の脇の倉庫で藁束の山を布団代わりにして過ごしました。無数の蚊のため、ろくに眠れなかった一夜でした。

もう1人、弟の裕のことが残っています。爆心から1・4キロで中学の物理の授業中に被爆した彼は、校舎が一瞬に倒壊し、同じ教室の2人の級友が梁の直撃で即死したにもかかわらず、運良く無傷で脱出できました。火災が下火となるのを待ちながら市内のどこかで夜を明かし、翌7日わが家の焼け跡に立ち寄って、板切れに「裕無事、上志和（かみしわ）に行く」と書き残してから、末の妹の疎開先に無事到着しています。母と私は7日のまる1日を仮の住まいを確保することに費やし、やっと牛田の知人の大破した住居の小さな一間に落ち着いた後、8日の朝一番にわが家の跡に戻って、書置きで彼の無事を知ることができました。こうして被爆から2日後の時点で私たちは、ともかくも家族のうち1人の死亡と3人の無事を確認して、あとは消息不明のままの信子を探すことだけ、と思っていました。しかし「都市ヒト社会の瞬時的・全面的崩壊」の現実は、わたしたちの考えの甘さを思い知らせることになってゆきます。

都市・ヒト・社会の瞬時的・全面的崩壊

9日午前には、大学の片隅で死没教職員9名の葬儀と遺体焼却がおこなわれ、母と私が参列します。裕は軽い初期被爆症状（頭髪の脱落、下痢など）が現われたため、そのまま上志和で養生させることにしました。

父の遺骨を抱いた母を牛田の仮住まいに帰らせたあと、私は信子探しに取り掛かりましたが、情報伝達機能が一切失われている状況の困難にたちまち直面します。雑魚場の現場も、彼女の壊滅した学校も、手掛かりを与えてくれそうにはありません。被爆中学生や女学生が似島にたくさん渡っているらしいという風評を頼りに、私は8キロの道のりを徒歩で広島港まで辿ってみました（交通網は市電もバスも、むろん完全に破壊されています）。すると火災を免れた宇品（うじな）地区の南端をなす港の入り口に、「似島に収容したる患者」２００人ばかりの墨書された一覧が貼られており、何気なく目を通してゆくと、なんと信子の名が載っているではありませんか。すぐに出港間際の陸軍の艀（はしけ）に乗せてもらい、似島検疫所を訪れました。

検疫所はまもなく万を越える負傷被災者が送り込まれて、阿鼻叫喚の場と変わるのですが、この時はまだひっそりと静まりかえっていました。教えられた平屋の木造兵舎（バラック）の一棟に行くと、コンクリートの床の両側に板敷きの広い高床があり、藁ござが間隔を置いて敷かれて患者が寝ているなかから、「おにいちゃん」と信子の声がしました。白ブラウスももんぺも襤褸（ぼろ）に変わり、仰向けに横たえた身体の露出部分は、顔といい腕といい真っ黒に焼けただれた、見るも無惨な姿でしたが、意識はしっかりしていました。先ほど紹介した彼女の被爆直後の行動は、このとき聞き取ったものです。みんなは？と訊くので、お父ちゃんは死んだけど、お母ちゃんは元気だよといってやると、それはうれしそうな様子でした。次の艀便まで1時間しかないので、お隣に臥せった別の女学生に早々と付き添っているお母さんに牛田の仮住所を告げたあと、明日いちばんにお母ちゃんを連れてくると約束して別れましたが、じっと私を見送る彼女のこのうえなく澄んだ眼を、私は生涯忘れないでしょう。

ところが翌朝、母とふたたび宇品の港に来た私が目にしたのは、新しい掲示でした。「再度の空襲の危険あるにつき、似島の患者はすべて広島湾岸一帯に疎開せしめたり。似島渡航は以後禁止」とそこにはありました。前日にはなんの気配もなかったのに、と居合わせた軍人と掛け合ったのですが、がんとして波止場に通してくれません。では湾岸のどこに妹は移されたのかと尋ねても、それは判らぬというにべもない返答です。やむなく私たち2人はそれから10日間近く、広島湾の東は呉近くの天応から、西は大竹町まで、無数の被爆患者収容所（たいていが学校でなければお寺）を訪ねてまわりました。国鉄が広島のはずれから部分運転を始めていて、たまには汽車も利用できましたが、たいていは徒歩で移動しながら、どの収容所でも何百という重体の被爆者が地面にまで寝かされて、医者不足から半ば放置されているなかを、信子の名を呼びながら尋ね歩きましたが、連日徒労に終わりました。くたびれ果てて、19日に牛田の仮寓に戻って来ると、似島から来たという人がその前日に、あの信子の隣の子のお母さんからの小さな紙袋を家主に預けて行かれていました。

信子は似島にいたのです。火傷と急性白血症で12日間苦しんだ挙句（あげく）、17日に亡くなっていました。紙袋には、「健気なお嬢さんで、じっと静かに耐えておられましたが、心のなかでお母さんを待ちわびておられる様子でした」と書き添えた紙片がはいっており、信子の遺髪が同封されていました。軍の虚報にだまされた結果とはいえ、彼女との約束を果たせなかったことは、いまだに私の心に刺さった刺となっています。ちなみに防火帯作りに動員されたあの6000人を越す少年少女は、全員が信子と同様に死亡しました。そのあと私たちは、縁続きの老夫婦の町はずれの家が、屋根は吹っ飛びましたが焼け残っていると知って、そこに移り、弟の裕も合流します。3人とも着た切り雀、母など黒い雨で核汚染された上着ともんぺを着通していたことになります。お金も一文なしの状態でした。それでよく信子探しができたものだと折々言われるのですが、広島周辺の農村部が被災者救援のおむすびを大量に市の内外に送り届けていましたし、食事だけはなんとかそれで間に合わせていたのです。国鉄は、罹災（りさい）証明書を見せれば無料でした。しかしヒト社会存立の基本条件である衣食住の確保は、そこ止まりで終わりました。

信子の死でがっくり来たのでしょう。縁者の家に引っ越してまもなく、９月１日になって、母嘉子が突然高熱を発して人事不省に陥りました。医者が必要なのですが、焼け野原となり、生き残りの住民の大半が離散している都市で、どうすれば医者が見つかるでしょう。私はやむなく一番近くの被爆患者収容所となっていた陸軍の施設に出かけ、そこで３００人を越す患者をたった１人で看取っていた旧軍医の方（戦争はもう終わり、陸軍も解散していました）に、泣くように来診を乞いましたが、「申し訳ないが、ここだけで手一杯なので」と断られてしまいました。が、偉い方もいらっしゃるのですね。その日の夜中過ぎ、午前２時になって、「今晩は」とこのお医者さんが自転車で尋ねてこられたのです。内出血の青い斑点が皮膚に点々と散らばり（後で考えれば急性白血症固有の症状でした）、歯茎から出血している母を見るなり、「ああ、またこれだ。これで収容所でもばたばた倒れているんです。なにか新種の伝染性敗血病だと思うけど」といいながら、ビタミンＢを注射してから、「申し訳ない。薬も切れかけていて、これが私に出来るすべてです」とおっしゃって帰られました。原子爆弾が元凶だったということは、まだ医療現場にも伝わっていなかったようです。

母は人事不省のまま、４日早朝に亡くなりました。今度は屍体の始末の必要に迫られましたが、原爆被爆都市のどこに葬儀場が残っているでしょう。やむなく近くの猿喉（えんこう）川沿いの空き地まで彼女を大八車を借りて運び、老夫婦と私たち息子と４人で穴を掘って火葬に付しましたが、秋雨がそぼ降るなか、灯油一滴とてない作業では、半ば土葬に終わってしまいました。

わが一家は年内にもう1人、数を減らします。末の妹道子です。両親が死んだので、大阪に住む父方の伯父が4人の甥と姪を引き取ることになり、私が疎開先から珠子と道子を連れて戻ったあと、やっと開通した山陽本線の超満員の汽車で、枚方の伯父の手狭な住まい（伯父も空襲で大阪市内から焼け出されていました）に移ったのですが、食料豊富な農村での生活に慣れた5歳の幼女にとって、不意に被爆都市のきびしい食料事情に直面するのはたいへんな打撃だったようです。9月中旬に枚方に来てわずか数日後の17日、疫痢（えきり）が道子の命を奪いました。彼女は厳密な意味で原爆死者ではありません。しかし私は、原爆が落とされなければ死ななかったという意味で、その1人に数え入れることにしています。

「黒い塵」――原爆が今なお体内で生きている

原爆投下による都市ヒト社会の瞬時的・全面的崩壊とはどういうことか、その生（なま）の姿での現われを私の一家の体験によって紹介しました。だが原子爆弾のおそろしさには、まだ言い残していることがあります。それは最近注目を浴びつつある、核爆発による体内被曝という問題です。

炸裂した原爆が熱線と前後して広島全市を照射した放射線は、目に見えないながら人体に深刻な危害をおよぼしました。わが一家でも、信子と嘉子を急性白血症による死にいたらしめ、裕にも軽度の病状があらわれたのは、既述したとおりです。おまけに放射線は、熱線や衝撃波のように一過性のものではありません。中性子放射が地上の他のあれこれの元素に新たに放射能を帯びさせる、二次的放射能の脅威という問題もあります。また、ほんの少量のウランの連鎖核分裂反応が引き起こしたあの爆発で、爆弾内の残りの大量のウラニュームが粉砕されて無数の放射性微粒子となり、いったん上空に原子雲となって吹き上げられたあと、黒い雨となったり、塵のままの状態で地上に降下したりして被爆者を襲った、いわゆる残留放射能物質の危険な効果も、かねてから人々の注目を集めてきました。しかしこれらはすべて、人体の外部からの放射線被曝による被害に属します。これとは別のこととして、広島や長崎の被爆者が地上に漂う放射性微粒子を、呼吸や飲食を通じて体内に取り込んでしまった場合には、その一部が折々排出されることなく体内に留まって、内側から彼らに作用しつづけてきているのではないか。これがいうならば「黒い塵」による体内被曝という問題です。

放射性微粒子は直径1ミクロン（1千分の1ミリ）という、目に見えない小さなものですが、ウランならウランの原子が1億個詰まっていて、人体のどこかの部位に定着すると、ごく低線量の放射線を長期にわたって周囲数センチの範囲で放出しつづける、といわれています。すると何年か何十年か先に、その周囲の細胞が癌化することになる。昨日ここでお話をされた大坪郁子さんの3年前に亡くなられた夫君、昭さんの場合など、私と同じ17歳の少年が軍隊にはいって、7日に中隊ぐるみ広島に派遣され、1週間あまり爆心附近で寝泊まりしながら屍体処理に当たられたという、いわゆる入市被爆者の一人ですが、戦後60年間、内蔵諸器官の病気という病気（たいていが癌性のもの）に苦しみ抜かれた昭さんの人生を説明できるものは、この体内被曝の現象しかありません。

もうひとつ別の例を挙げるとすれば、私の弟裕のその後のことがあります。彼は被爆直後のからだの故障もまもなくおさまり、大学を終えると建築士になって、今でも生存していますが、30歳を過ぎてから白内障に罹ると、医者に通いつづけても直せないでいるうち、定年を過ぎてだいぶ経ってから突然緑内障を併発して、大手術をした甲斐もなく、現在ではほとんど完全に失明して、不如意な人生を過ごしています。原爆白内障は国も認定している病気で、少なからぬ数の被爆者を苦しめているのですが、これも体内被曝の所産と見なすべきものでしょう。

それにしても、半世紀を越える時間を経たあともなお、人間の身体をその内側から蝕みつづけている原子爆弾という兵器。被爆者にとって、前の戦争はまだ終わっていないといわざるを得ないのです。原爆は人間とは両立できない、地上から一刻も早く一掃するしかない最悪の凶器です。

たくさんのお話ししたいことを残したまま、時間になってしまいました。とりわけ内部被曝の問題とかかわって、このことにまったく無理解な国と厚生労働省を相手どって、いま200人を超す被爆者が各地の地裁と高裁で起こしているいわゆる原爆集団訴訟については、その概略なりと紹介して、みなさんのお力添えを得たかったのですが、大坪郁子さんの昨日のお話でたぶん主題とされたことでもありますし、私は自分と自分の一家の体験によって、原爆のおそろしさとその廃絶の緊急の必要を訴えることで話を終えることにします。

＊永原誠さんは、立命館大学名誉教授・元京都原水爆被災者懇談会世話人代表でした。長年、原水爆禁止運動や被爆者援護に尽力されましたが、2013年享年84歳で亡くなられました。本稿は、前掲書（108頁）より転載しました。

夫の意志を受け継いで

大坪郁子（２００７年証言）

灯籠流しを見るのが辛い

私は被爆をしているわけではなく、こういうところでお話をするのも初めてですので、本当にうまく伝わるかどうか心配しております。夫が被爆をしておりまして、夫は京都で中学校にいたのです。旧制の中学校なのですけれども、中学生で17歳のときに教育召集を受けました。本籍地が広島県の世羅郡にありましたので、世羅部隊というところに所属しました。それで、原爆の落ちた8月6日の当日は山中の訓練で、直爆は受けておりませんが、翌日の7日に、その部隊の２３０人ぐらいが広島市の基町（爆心地から６００メートル）に仮の救護所を作って救援に当たったそうです。17歳で少年兵という形で広島市に入ったのですが、救護所といっても、何かムシロが敷いてあって、トタン屋根がしてあるというようなお粗末なものだったそうです。そこへ運ばれてくるヤケドをした人、焼け跡のガレキなどでケガをした人、そういう人たちがどんどん運ばれてくるのです。その傷口にウジ虫がわいている。それを払いながらピンセットで取りながら、赤チンを垂らすぐらいの措置しかなかったそうです。

当時は医師が1人、それから看護婦が1人というぐらいしか派遣されなくて、いっぱい運び込まれる人の手当というのは、なかなかできなかったそうです。だから少年兵で行った夫なんかもそういうことを手伝いながら救護をしていたそうです。ヤケドも「熱い、熱い」と言うので、湿布をしようと思っても湿布がありません。メリケン粉を練ったのを当てると「すごく気持ちがいい」と言われるのですけれども、それはすぐに乾いてしまうので、それを剥がすと身が取れて、骨まで見えたということを言っていました。だからそれもできなかったと。そこの西練兵場にできた仮救護所を中心にして、1キロぐらいのところの範囲でガレキの整理とか、それから亡くなった方を集めて荼毘に付すという作業をしていたそうです。川も流れており、そこにも、熱いのでヤケドした人たちが入っていくのですけれども、息絶えて亡くなっていくのです。浮いている死体を目の当たりにしたそうです。今はその霊を慰めるための「とうろう流し」が行われていますね。だけど、夫はその「とうろう流しを見るのはとてもつらい」と言うのです。「なんで」と言うと「とうろうのその明かりが、亡くなった人たちの頭に見えるから、見るのが嫌なんだ」ということはたびたび言っておりました。終戦も過ぎて、8月25日にその隊が解散になりました。ですから、8月7日から8月25日の19日間、夫は救護所で寝起きして、死体の処理作業に当たっていたのです。放射能を浴びていないということはないのですが、「浴びていない」と裁判所は言います。

いわれなき差別を受けて

実は、私は昭和28年に看護学校を卒業し就職したのです。就職して往診しに行ったところに、3人の男性が下宿しておりまして、その中の1人が夫でした。そういう形で知り合いました。1年後に結婚したのですけれども、お付き合いしている時にふっとしゃがむんです。「どうしたの」と言うと「いや、何でもない」と言って立つのです。そしてまた歩き出すのですけれども、それは今思うと立ちくらみだったのかなと思うのですが、その時は何もそういうことは言いませんでした。結婚する時も、自分は被爆者だということは言いませんでした。夫はうち明けずに結婚したことについて、ずっと罪悪感を抱いていたようです。私も原爆が落ちたというのは知っていましたけれども、何も知りませんでした。「ピカドン」と言ってましたが、それがどういう影響があるのか、そのためにどうなったのかということは世の中全体に、全部伏せられていたのではないかと思います。

私が妊娠した時に、夫が「本当に拷問に合うようにつらかった」と言うのです。その頃、被爆者と握手をすると手が腐るとか、放射線が飛んでくるとか、お化けの子が生まれるというとんでもない噂があったそうです。だけど私は、知らなかったのです。もちろん被爆者と結婚したということも知らなかったし、被爆そのものがわからなかったので、のんきなことで、夫だけが苦しんでいたことを後で知りました。夫は子どもが生まれるまで、心配の仕方が尋常ではありませんでした。「五体満足で生まれるだろうか」と心配でしようがなかったそうです。それが拷問のように苦しく、苦悩の毎日だったと言っていました。それから無事に長男、次男と生まれました。被爆者はいわれなき差別をされて、そのために語ることをできなくされていたのです。夫は「僕らは差別されてきていた」と言っていました。差別と悲惨な情景を思い出したくない思いが重なって被爆のことを話したくなかったのだと思います。子どもが生まれた後も、子どもが差別されないかと心配していました。

語り部として生きる覚悟へ

１９６５年に第10回の原水爆禁止世界大会が京都で行われました。夫が「被爆していない人が、こんなに頑張って原水爆禁止の運動をしているのに、ぼくは何もしてなかった。あの時、８月６日の日に原爆が落ちていっぱい亡くなった人がいるのに、ぼくは何で生きているのだろうと考えた時に、やっぱりみんなに自分が経験したことを伝えて、そして自分のような悲惨な思いをみんなにさせないでおこう。そして核兵器をなくしたい。ずうっと戦争だった日本を平和な国にしていきたい」と強く思ったそうです。

それから、2人の息子に「お父さんは広島で原爆にあった。だけど、これから原爆にあった話をしていこうと思うけれども、あんたたちは原爆の子だと言われてもいいか」と、「お父さんが原爆を受けた被爆者だと言われてもいいか」と聞いたそうです。そうしたら、息子は「父さんの子どもだから、被爆者の子どもで当たり前やんか」と、「よその子どもだったら仕方ないけど、父さんの子どもやろ。だから被爆者の子どもだと言われたっていいよ」と言ったそうです。それで、すごく元気を出して学校とか地域の団体とかに語り部として話をしていました。

次に、夫の健康のことですが、やっぱり隊が解散して、世羅郡の三川村というところに両親がいたので、そこに帰りました。しばらくしたら、歯ぐきから血が出たり、立ちくらみがしたり、下痢をしたり、高熱が出たりということがあったそうです。19歳のときにまた京都に戻ってきて、髪の毛を伸ばし始めたら、やっぱり髪の毛を掴むとガバッと抜けたと言っていました。そして、30歳の後半ぐらいから、いろいろな病気をしはじめました。貧血症はいつもありました。変形性脊髄症とか、腎臓とか、肝臓とか、それから心臓の手術も金沢大学病院まで行ってしまいました。WPW症候群といって発作性の心拍数で脈が150～200も打つ病気で、金沢大学病院しか手術ができなかったのです。当時胃も3分の2を手術して取りました。また、急に熱発したり、下痢したりというのは常にありまして、入退院を繰り返していました。原因が分からない症状で、それが原爆の影響による病気かもしれませんでした。原爆症認定集団訴訟で東神戸診療所の郷地秀夫先生が「原爆によって核物質が胎内に入ったら胎内で被爆が続く。胎内に残って弱い部分を攻撃していく。そういう恐ろしさが核兵器だ」と証言されたのです。それを聞いて「あの夫の病気や症状はそうだった」と後年になって納得しました。

だけど、いつも病気で寝ているわけでもないのです。元気で冗談を言う人でもあり、子どもを大好きな人であり、動物もいろいろ大好きな人で、すごく朗らかで、いい人だったのですけれども、いつでもいつでも暗い感じではないですので、あんまり暗くならないでください。普段はシャンとしているのです。姿勢正しくしっかりした人でした。

でも、こんなにたくさんの病気をしていましたので、仕事を休むことも多く、何回も仕事を変わらざるを得ませんでした。仕事を変わるとき面接に行くと本籍地が広島ですから被爆のことを聞かれます。嘘はつけないので、被爆者であることを言いますと採用されなかったこともありました。最後はやむなく自営の仕事を興し、電気組み立ての下請け事業をしました。本当に零細企業でしたが、何とかそれで生活を続けてきました。

入退院を繰り返し

３年前なのですけれども、２００４年にやっぱり急性肺炎と貧血がひどくなりまして、ちょっと入院していたのですけれども、だんだんと呼吸困難も出てきて、骨髄液を取りましたら、やっぱり骨髄異形性症候群という病気だと言われて、血液内科のある第一日赤病院に転院しました。３日間意識不明になっていました。その時は本当にだめかと思い、その時初めて、私は自然に「夫は被爆者なのだな」とわかったのですけれども、本当に原爆がにくいと思いました。骨髄異形性症候群というのは、前白血病といいまして、白血病に近いというか、よく似た病気なのです。それで、骨髄移植しか治療法がないのですが、年齢も76歳になっていましたので、できないということでした。白血球もどんどん減っていくというような病気なので、白血球を増やす注射をするとか、その時、その時に対応した治療しかできないといわれました。本当に原爆がにくい、それからあの人はもうそんなにいくばくもない命なのだと思ったときは、机を叩いて号泣しました。医師の説明どおり、何回も熱が出て肺炎を起こし、貧血を起こし、そういうことを繰り返すよと言われて、一旦は退院したのですが、3回目の入院のときにやっぱり力尽きてしまって、白血球がどんどんどんどん増えてくるのです。それは悪い白血球、芽球というのですが、それが増えてきて、普通の人だったら3000から4000、5000ぐらいの白血球の数なのですけれども、そのときは1万から2万、2万から4万というふうに倍、倍という形で増えてきて、それで呼吸不全になって、それから心不全、呼吸不全、腎不全、全部そういう機能が止まってしまって、とうとう平成16年の9月28日に他界してしまいました。

次に原爆症認定の集団訴訟について話します。病気と原爆との因果関係というのがわからないですよね。人体実験をするわけにいかないのですから、結局、診断書がなかなか書いてもらえなかったのです。だから申請はしていなかったのですけれども、日赤でやっぱり骨髄異型性症候群という名前がついた時に、自分もやっぱり申請をしなければと思ったようです。

それで、3月に病気になったのですが、4月の終わりぐらいから申請をしようと思ったようで、京都原水爆被災者の事務局の方に手伝ってもらって原爆症認定の申請を出しました。亡くなるまで「申請の返事が来ないか。まだ来ないんか」と言いながら、随分と待っていました。やっと踏み切ったのですけれども、なかなか返事がこないままに死んでしまったわけです。翌年の3月に、その返事は来たのですけれども、「却下」ということで返ってきました。国が原爆との関係を認めないということなのです。

京都では1人認定された方がずうっと昔にありまして、その方は自分1人で7年間やっていらっしゃったのですけれども、なかなか裁判も結論がつかずに、やっぱり相談に来られたらしいのです。私もそのときは知らなかったのですけれども、だからあと7年間かかってその方もやっと認定されたわけなのです。

だけど、その翌年に亡くなったのです。

原爆症認定訴訟へ

そういう経過があって、私の夫もそういう裁判の傍聴にずうっと行っていました。近畿の原爆症認定集団訴訟の第１次のグループの人たちの時、本当に体の元気の続く限りずっと、傍聴に行っておりました。私はその時は裁判所とか、そういうところには行ったことがなかったのです。だけど私も夫の死後、裁判所に傍聴に行くようになりました。裁判の傍聴に行って、被爆者の方たちの気持ちというのがどんどんどんどん私に伝わってくるのです。今までどうして傍聴に行かなかったのかという反省と一緒に、やっぱり夫を身近に感じました。

それで、「却下」に対しての異議申し立てができるのだよということも聞いて、異議申し立てもしました。異議申し立てをして、その返事も本当にすぐにしたのですけれども、この前返ってきたのです、それも「原爆症と認めない」と。本人がいないので私と息子２人が原告になって裁判を起こすことにしました。第１次の原告のグループの人たちは去年５月に、地裁では９人全員勝訴したのです。だけど国のほうが控訴したので、まだ高裁のほうで裁判をしているわけなのです。それも傍聴に行っています。私たちは第２次グループなのですけれども、その中に私の夫の裁判もやっています。私はこの３月に意見陳述をしたのですけれども、多くの傍聴に来ていただきました。弁護士さんの大きな力とか、それから署名などもたくさん集まって、そういう力で私は意見陳述をしっかりと言えたのではないかと思います。国の代理人の人たちは、「原告はいずれも放射線をほとんど浴びていない」と言うのです。「戦争中でお風呂に入っていないから不潔になって汚いから、ウジがわくんじゃないか」とか、「久しぶりで髪の毛を洗って、髪の毛が抜けたのじゃないか」とか、そういうことを言うのです。そんなことあると思いますか。「栄養が摂れていないから、立ちくらみがしたのではないか」とか、そういうことを言うのです。だけど頭を洗わなくたって髪の毛は抜けないですよね。本当に何か常識では考えられないようなことを言っていました。結局は認めたくないというのが国の意向だと思いました。

今、被爆者は被爆者手帳をもらえるのですけれども、それには2人の証人がいるのです。私の夫も2人の証明してくれる人を探しやっと見つかりました。被爆者手帳を持っている人は全国で26万人と言われているのです。そのうち原爆症と認められている人は2200人ぐらいなのです。だから0・8パーセントぐらいにすぎない人しか認められていないということなのです。だから常に2000人ぐらいで、何か枠を作っているのではないか。予算の問題とか、国はすぐに予算の問題と言うのですが、そういうことなどもあるのではないかと思われます。

今年の4月の2、3、4日と厚生労働省の前での座り込みがありました。それにも4日だけ、私も参加したのです。そういうことをするのも初めてだったのですけれども、参加しました。それで、多くの方がテントの中、テントの周囲にいっぱいおられました。支援の方がいっぱい来ておられました。もちろん被爆者の方も、亡くなった人の遺影を持って参加しておられました。私もマイクを渡されて、思わずやっぱり厚生労働省のほうに向けて、「原爆症、認めてください」と大きな声で怒鳴ってしまったのですけれども、初めての経験をいろいろなところで、この歳になってからさせてもらっています。

社会に目を向けて欲しい

今、全体的に日本がおかしいのではないかと私は思うのです。何でも強行採決してしまうし、今まで守られてきた戦争のない平和な社会というものがどうなっていくのかというのが、ものすごく心配なのです。私は戦争中と戦後というものをずうっと通して生きてきた人間ですから、やっぱり今、なんか本当におかしいと思っているところへ、長崎出身である久間防衛相が「原爆の投下は仕方がなかったんだ」ということを言ったのです。仕方がないということで、何でもしてもいいのかというのを、ものすごく怒りに感じるのです。昨日、辞任したわけですけれども、その辞任の仕方も何か本当にすまなかったと思って辞任したのだろうかと思うのです。何かけじめをつけなくてはならないからと、選挙があるからということで辞任したというふうに私には取れるのです。うちの孫も今は中学2年生です。私のところに来て、私が「憲法が今、変えられようとしているのよ。憲法９条ってね、戦争をしない国に日本はなっているのにね、どうして変えなくっちゃいけないんだろうね」という話をすると、「そんなもの変えてもろたら、ぼくら一番に戦争に行かんならんやんか」と言うのです。その時だけ「俺ら」といってました。私たちはずっと軍国主義教育をされてきて、私も実は軍国少女でした。だから、「欲しがりません、勝つまでは」とか、ちょっとパーマなどをあてた人がいたら、その人の後ろについて行って、「贅沢、贅沢」とか「贅沢は敵だ」とか言って歩いていました。だからそういうことを平気で言う時代は恐ろしいと思います。終戦になった時は本当に喜んでいいのか、悲しんでいいのか、何なのかわからないぐらい動転しました。そういう世の中というのはやっぱり来て欲しくないのです。みなさんには、社会にも目を向けてもらって、次の世代にも原爆被害のことを伝えていって欲しいと思います。

＊本稿は前掲書（１０８頁）より転載しました。

58年間記憶を喪失

花垣ルミ（２００８年証言）

横浜から広島へ

私は昭和15年3月25日、大阪の四ツ橋の近くで生まれました。大阪には3歳頃までいたんですが、銀行員だった父の仕事が東京本社に移りその関係で横浜の社宅に移り住みました。昭和19年、父が今度は台湾の支店に赴任しました。母と私の２人だけの生活になってしまうことを心配した父は、私たちに母の実家のある広島で暮らすよう指示したんです。大きな都市への空襲もひどくなってきた頃で、広島へは避難、疎開するような気持でした。昭和19年の春、荷物をいっぱい持って母と４歳の私と２人で広島へ向かいました。途中大阪に立ち寄りました。大阪の石切というところに家屋が購入してあって、母がその時１人で家の様子を見に行ったんです。私は1人で大阪駅に何時間も置いておかれて、とても寂しく、不安な時間を過ごしたことを今でも妙に印象深く覚えています。

母の生まれた実家は広島の仁保町でしたけど、私たちが実際に避難して住んだのは母の一番下の妹（私の叔母）の家で、三（み）篠本（ささほん）町（まち）にありました。そこに母の母（私の祖母）も一緒にいて女ばかりの４人家族の暮らしでした。その年の10月に私の弟が生まれました。

私の家の隣には同じ年の子がいて、その子とよく一緒に遊んでました。家の向い側には幼稚園があって、私と隣の子と一緒にその幼稚園に通っていました。

昭和20年8月6日、私は5歳でしたけど、その朝は、初めに空襲警報が鳴ったんです。鳴ったので一度は避難して、でも警報は解除になったからまた家に帰りました。そこまでのことは私ハッキリ憶えてるんです。避難してた防空壕から出る時、入り口で誰かが転んで後から出ようとした人たちがみんな重なり合うようになってつまずいて、一騒動あったんですね。あれは警報解除になってみんなが家に帰ろうとした時だったってことまで憶えているんです。

実は記憶として残っていたのはここまでのこと。その後のこと、８月６日の原爆投下当日のこと、その後の２カ月ほどのことは全部記憶から消えていました。

慰霊の灯篭流しから

はるか後年、平成15年、私は63歳になっていました。原爆投下の日から58年後のことです。結婚もし子どもも孫もできていて、家庭の主婦として京都に住んでいました。その夏、京都生協から「広島の被爆者慰霊式典に参加しませんか」という案内のチラシが届きました。京都生協では毎年生協組合員から募集して広島・長崎の原爆慰霊式典に参加する企画が行われていたんです。毎年のことだったので、「ああ今年ももうそんな時期か」と思いましたが、その時何気なくチラシを処分する気になれず残しておきました。近所に古川さんという板金屋さんがあって、どういうわけかその方から板金で作った折り鶴の置物をもらうようなことがあったんです。もらった折り鶴と慰霊式典のチラシのことが何故か重なり合って、「今年は広島に行きなさい」って背中を押されたような気がしたんです。生協に参加を申し込み、孫を連れて暑い広島に行くことにしました。

広島に行く前に生協では事前学習として被爆された人の体験を聞くことになっていました。その時お話されたのが元京都原水爆被災者懇談会世話人代表の永原誠先生でした。永原先生のお話しは、私が被爆者の方から直接聞く初めての被爆体験でした。

広島の慰霊式典から帰ると、式典に参加した感想や様子など報告する会が予定されていて、夏の日の夜、報告会のための報告書を作成していました。広島では灯（とう）篭（ろう）流しをしていただく企画もあったので、永原誠先生に連絡して「先生の分の灯篭流しもお願いしてきましょうか?」とお誘いしたんです。先生は両親と2人の妹さんを原爆でなくしておられたのでその4人のお名前と「あの日のことは忘れませんよ」というメッセージを預り、一緒に灯篭流しを託してきました。

「あの灯篭きちんと流してもらえたかな」などと思いながら報告書を書いていたんですが、その時突然、戦後間もない頃の、子供の頃の灯篭流しの情景がありありと頭に浮かんできたんです。昔は川の護岸など整備されていなくてごちゃごちゃした土手のようなところから灯篭は流されていました。それぞれの川の岸には、写真とかひしゃげた一升瓶やら食器やら、亡くなった人の思い出のものとか、いろいろなものが、遺品のようにして、8月5日頃からお盆の頃までずら一っと並べられていました。それが最初の頃の原爆で亡くなった人を慰霊する姿だったんです。それらの遺品のようなものはその後にできた広島平和記念資料館に収納されました（広島平和記念資料館は昭和30年に完成。）

私の小学校1年生だった従兄弟の一人はあの日学校に行っていて原爆で亡くなったんです。家族が探しに探してやっと3日目にどこかの川の河原で遺体を見つけたんです。その場所で荼毘に付されたのですが、従兄弟の母親は老いて亡くなる年まで毎年その場所で我が子の供養を営み続けていました。広島の灯篭流しとはそういう場所だったのです。

戦争が終わって間もなく私は広島を離れることになるのですが、母の実家のある広島の夏には何度か墓参りに行っていて、その頃見た灯篭流しの情景が58年後のこの日鮮明に思い出されてきたのです。

58年目の記憶回復の衝撃

灯篭流しのことを思い起こしたのをきっかけに、被爆した時のこと、体験したことが、途切れ途切れに、断片断片に、一つまたひとつと、次々と記憶に蘇ってきました。58年もの歳月を一気に駆けのぼり、固く閉じられていた記憶の闇に光が差し込んできて、記憶の扉が開け始められたような感じでした。呼び覚まされる記憶を「これは何だろう、何だろう」って思いながら、自分の頭の中を駆け巡る58年ぶりの情景が衝撃となって私を圧倒していきました。真夏なのにガタガタと体は震え、汗をいっぱいかいて、自分を保つことができませんでした。孫の2段ベットにしがみついて、辛うじて自分を支えていました。報告書は深夜に書いていたんですが、夏のことですから4時過ぎには明るくなるんですね。その明るみを見てやっと落ち着きを取り戻し、少しずつ気持ちは安らいでいきました。この時初めて「ああ、もしかして私の記憶は取り戻されているかもしれない」と思い、顔を洗いにいきました。

衝撃で泣きながら書いているもんですから字は滅茶苦茶で、用紙も涙で滲んだりしててまともには読めない。もう一度書き直さなければと思いながら、でも読み直すのが怖くて上から新聞紙をかぶせて一日放っておきました。あらためて新しい用紙に書き直そうとして読み直している内に、実はああだった、こうだったと、さらに新しいことが次々と思い出されていきました。

私の家の近くには竹藪があって風で笹がざわめいたりするんです。その笹の音を耳にした瞬間、原爆にあってみんなで竹藪に避難した時の情景がいきなり頭の中に蘇ったりもしました。そんな一つひとつがつながりあって、徐々に徐々に私の8月6日は思い出されていきました。

記憶を呼び戻した58年前にさかのぼり、思い出すことのできた体験をお話しします。

猛火に追われて避難

防空壕を出て、それから1時間ぐらいしてから、今まで見たことも聞いたこともない、すごい光、音、震動に襲われました。

それまでの広島は整然と街路の並んだ街で、戦争やってる中でも静かな日常だったように記憶してます。その広島の上空にエノラ・ゲイは飛んできた。その真下に私たちみんなの生活があったんです。高度は9700メートルぐらいの高さだったと言われています。下を見ても街路と街並みしか見えなかったはずで、私たち人間のことは全然見えなかったはずです。そういう状況下で原爆は落とされました。非日常の瞬間であり、短い人生の長い一日の始まりです。

原爆の落とされた瞬間はふわっと地面ごと浮き上がったような感じでした。そして衝撃波の力で家のブラインドや窓枠やタンスなどまでが窓際まで飛ばされました。家は倒れかけて、2階の部屋で遊んでいた私は窓際と家具との間にはさまれた状態になって、その時に箪笥の楔（くさび）が頭に突き刺さったのです。自分では気づかずに、避難して大分経ってから刺さったままだったのを教えられました。それから顔も体中も傷だらけでした。顔は右頬の皮がズルッとめくれてしまって、今でもそこだけは皮がすごく薄いままなんです。

2階から下を見ると庭の松の木も歪んでいました。その松の木の根元に弟を背負った母が倒れ込んでいるのが目に入りました。母はお風呂場の横で洗濯をしていましたが庭の松の木の根元まで飛ばされたそうです。叔母は台所で片付けものしてて、飛ばされてどこかで足を打ったらしくてびっこをひいてました。

お祖母ちゃんはその頃身体を悪くしていて2階の部屋のベッドに寝ていたのですが、そのベッドごと窓際まで飛ばされていました。一番無事だったのは母に背負われた弟でした。

まわりの家々はみんな無茶苦茶に壊れてきました。その内近所ぐるみ騒然となってきて、子どもが小学校や中学校が行っていた家の親たちは子どもを探しに出かけて行きました。でも学校へ行くまでの途中でもう火の手が上がっていたり、家が崩れたりしているので、なかなか学校へは辿り着けなかったようでした。

間もなく近所から火の手が上がりました。家は爆心地から１・７キロ離れてるところでしたけど、熱波に襲われて、家の中の蚊帳とか庭の笹とか、着火しやすいセルロイドの玩具（おもちゃ）類、そういうものにまず直接火が移ったみたいです。そんなことを後から町内会の人に聞きました。やがて地域一帯が火の海になってきたんです。私たちの通っていた幼稚園も火に包まれていました。後年知ったことですが、私が通っていた幼稚園は全焼し、先生１人と園児24人全員が亡くなっています。

三滝の竹藪

私たちは２階にいて怪我したんですが、下からみんなが助けにきてくれました。叔母がどこからかリヤカーを探してきて、そのリヤカーにお祖母ちゃんを乗せてみんなで避難していきました。いろんな人に助けられて、三滝というところにあった川の土手の竹藪まで避難しました。その竹藪にはすでにたくさんの火傷した人たちが、中にはもう亡くなった人もいたと思いますが、来ていました。私は当時５歳、人が亡くなった状況というのはまだよく理解できていなくて、横になっている人を見ても寝てる人としか思っていなかったようです。後になってからあれは亡くなった人だったんだと分ったようなことでした。

私のすぐ横にどこかのおじいさんが蓆（むしろ）の上に横たわっていました。焼けただれて、顔もズルズルになって、血が滲んだり、脂が滲んだり、皮膚も真っ黒になっていました。避難した竹藪の近くに養鶏場があって、その鶏舎も壊れて鶏もたくさん死んでいました。生き残った鶏がそこら中歩きまわってそのおじいさんを突っつくんですね。おじいさんはちょっとだけ指を動かすんですけど、それがとても可哀そうで。私の母が棒っきれで、「しっ」と言って鶏を追ったんですね。何故かその不思議な光景の瞬間だけが、記憶から消えることなくポッと残っていたんです。あの時の母の姿だけがとても印象深く、それだけは記憶から消え去ることなくずっと残ってました。

音のない逃避行の記憶

その内に竹藪にも火がつき始めました。竹藪に火がつくと、竹が破裂してパカーン、パカーンとものすごい音がするんですよ。いたるところで乾いた高い音がして、火の粉も飛んでくるんです。だから竹藪も危ない、また避難しなくちゃならないということでまたお祖母ちゃんをリヤカーに乗せて安全なところを求めて逃げて行きました。竹藪から避難する時にはもう息絶えた人たちもたくさんいて、みんな手を合わせて、それから避難していきました。

その時私は裸足で逃げてたもんですから、母が何か履物を探してくるといって、大人の下駄片方と子どもの下駄片方を拾ってきてくれたんです。それを履いて逃げるんですけど、下駄が焦げてて、片方の大人の下駄の鼻緒がすぐ切れて、母が自分の手ぬぐいで直してくれました。歩いて避難するんですけど、足も怪我してて、足の裏も火傷してて、もう歩きながら、我慢できないほど痛かったはずなんですね。逃げている時の記憶には不思議なことに音というものがまったくないんですね。というか、音の記憶がほとんど無いんです。みんな泣いたり喚いたりしてるんですが、大人の声も、子どもの泣き声も、まったく音として残っていないんです。とても静かな不思議な逃避行の記憶なんです。ただ竹藪の破裂する音だけが耳に異様に残っていました。

５歳の子の目に映ったもの

避難する道々、倒れてしまっている人もいっぱいいました。それから、今から思うとあれが５歳の子どもの目線、子どもの視野だったのかなと記憶を甦らしながら思います。鳥籠の中で死んでいる鳥、ゴロっと死んでる鶏、猫がバンザイの格好で死んでいたり。犬は３匹ぐらい見たけど、もう死んでる犬も、怪我しながら歩いている犬もいました。馬や牛なんかも死んだり、体を硬直させて焼けかかったりしていました。

朝ごはんが終わった頃の時間だったので、ちゃぶ台が壊れていたり、ひっくりかえっていて、ついさっきまで使っていただろうなと思える金太郎の絵の入ったお茶碗、普通に朝ご飯食べてたんだろうなあと思えるようなお茶碗がいっぱい転がっていました。洗面器とか家庭用品がいっぱい、おもちゃ類、それと乳母車。昔の乳母車って随分丈夫なものでしたけど、そういうものが燃えたり、壊れたり、そこらへんに散らばっていたりしました。

「たえちゃん」という名のお人形の恐怖

私はいつも大好きな母が作ってくれた籾殻（もみがら）の入った大きなお人形と遊んでいて、「たえちゃん」という名前をつけていました。その「たえちゃん」を家に置いたまま逃げてきていたんです。避難の途中「たえちゃん」にそっくりのよく似た人形にも出遭いました。火も出ていない、煙も出ていない、でもジブジブジブジブと燃えていて小さくなっていっている。それがすごく怖い情景で恐怖に襲われました。私の記憶が無くなった原因の一つはあの人形の光景にあったんじゃないかと思います。それぐらい怖かったのです。「たえちゃん、どうしてるかなあ」と思いながら。

助けることのできない母子との出遭い

逃げる途中の周りの家々は瓦礫になっていて燃えていたりするんですけど、お母さんが赤ちゃん抱っこしておっぱいあげている人に2組遭いました。一組の方は赤ちゃんは明らかにもう死んでるようでした。亡骸となった我が子を抱きしめおっぱいをふくませる母親の心情はどんなものだったかと、今でもこの場面は子を持つ親として胸が痛みます。

もう一組の方はお母さんの手がまだ動くようでしたので、私の母が「私たちと一緒に逃げましょう」と声をかけると、指さして「あの家の下に3歳の息子がいるから私は行けないんです」って言うんです。母たちは周りを探していたようですが、瓦礫ばかり目につき、「ごめんなさい、じゃ先に行きますよ」と言って別れたんです。

水を求めて群がる人の山

黒っぽい塊のようなものがあって、水がザァーザァーと出ている所があるので、水道管が破裂したのかなと思って近づいて見ると、黒い塊は水を求めて群がる人間の山だったところもありました。あの時はみんな「水を」「水を」と求めて歩いていたんですね。でもほとんどの人は水に辿りつくこともできなくて亡くなった。水の噴き出るところまで行けた人はわずかでも飲めたかと思う。一滴も飲めなかった人のことを思えばまだ良かったのかなあと思いました。この場面を話す時はとても辛いのです。

虫の息状態だった弟

お祖母ちゃんは歩けないものだからその後もずっーとリヤカーに乗せて避難したんですけど、リヤカーってのは道がないと通れないもので、もう無茶苦茶になった所を行くのは大変でした。母と叔母が担ぎあげたり、近くの人に手伝ってもらったり、邪魔になるものをどかしりたしながら、ちょっとずつちょっとずつ進むんですね。どうにか竹藪を逃れてやっとの思いで三滝の山にたどり着いたんです。そこはもう避難してきた人でいっぱいでした。

私が「おばあちゃん」と声をかけるとお祖母ちゃんは私の顔を見るなりワァッと泣きました。私の頭も顔も血だらけになった姿がすごいことになっていたのを悲しんだのだと思います。

その日10カ月の弟は朝から母の背中におんぶされていたのですが、原爆の落ちた時から母は弟を背負っていることを忘れるぐらい弟と一体になって動き回っていました。お乳もやってないし、オムツも変えていないままだったのです。山についてからおんぶしてることに気づいてやっと背中からおろしたんですけど、弟はもうぐったりして体中ぐちゃぐちゃになっていて、もう虫の息状態だった。おしりは真っ赤にただれて、オムツをとると皮膚がボロッととれるのです。母は救援の人からもらったお茶でお尻を洗ってやって、おにぎりを噛み砕いてお乳代わりに食べさせました。弟が吸っても吸っても母のお乳は出なくなっていたんですね。

記憶を喪（うしな）った時

私は山に着いた途端眠ってしまったのか、意識を失ってしまったのかすっかり寝こんでしまいました。そして次の日、それが次の日だったのかどうかも私にはハッキリとは分からないのですが、ものすごーい臭いで目が覚めたんです。それはもうすごい、異様な、これまで嗅いだこともない、分けのわからない臭いなんです。

目が覚めてふっと起き上った時、目の前に、距離にして10メートルぐらい先ですが、ゴムボートのように膨らんだ人とか、手足の無い人とか、真っ黒になった人とか、人間の体の一部だけもあって、たくさん積み上げられていたんです。木をいっぱい積み上げて、その上に人を乗せて燃やしているんです。私はそれが茶毘（だび）だってことを知りません。人間が死んでるってことはどういうものかも知らない。どうしてあんなことをするのか、人を焼くことの意味もまったく知りませんでした。だからその強烈な臭いと眼の前の状況とに激しい衝撃を受け、母は「見ちゃダメ」って抱きしめたけど、私はその瞬間意識を無くしてしまいました。そしてしばらくして意識は回復したんですけど、記憶は戻りませんでした。８月６日の記憶が戻るまでに58年かかるんですね。

お祖母ちゃんの耐え難い思い出

思い出した体験を語っていて、いつも一番つらい話になるのはお祖母ちゃんのことを話す時です。病気だったお祖母ちゃんは体力も弱っていて、食べるものもなくて、あの頃はみんな食べるものなくて栄養失調でしたけどね、お祖母ちゃんも随分栄養が欠けたままになっていました。ずーっと寝ているもんだから、お尻のくぼんだところが少し腐ってきてね、そこへウジが湧きだしたんです。生きてる人間にウジが湧いたりすること見たことないでしょう。動物だって多分見られないと思います。ところがウジが湧いてきて、そのウジが広がっていって、どんどんどん中に喰い込んでいくんですね。

母と叔母が一生懸命それをピンセットでとるんですけど、「痛いからやめてぇや、やめてぇや」ってお祖母ちゃんが言うんです。「でもね、とらないとね、増えていくからね」って言いながら母と叔母が押さえつけて、ピンセットでとるんですね。それを横で見ていた私は一緒になって泣いていました。

これはお祖母ちゃんの人としての尊厳に関わることなので、あまり話したことはないんです。これからもしゃべることはないと思います。だけど今日は、原爆というものが、戦争というものが、人間にどんなこともたらしたかってことを知って欲しいから、我慢して話しているんです。お祖母ちゃんには「ご免なさいね、今日は話させてね」って断って来てるんです。

ウジは放っておくと当然ハエになります。だからちょっとでもおいとけないんで、きれいさっぱりなくなるようにとるんです。その後で消毒する薬もなくて、わずかにあったクレゾール、本当はそんなもの傷口につけちゃいけないんですけど、それを薄めて薄めてきれいな手ぬぐいに浸して消毒するんです。それを朝から2回するんですけど夜の間に必ずまた小さいのが出てくるんですね。とりきれていなかったのか、卵がいたのか分らないんですけど。

それから随分経ってから、ウジもいなくなって、やっと傷口がふさがって皮もはってきました。皮がはって治ってはきたんですけど小さな穴が形になって残ってしまいました。

療養のため奈良へ、そして横浜、京都へと

私は原爆の時の体験で心身ともに相当病んでいたらしくて、その後奈良の生駒にあった親戚のお寺で療養することになったんです。体中傷だらけで、口も満足にしゃべれなくなっていたようです。奈良に行ったのは昭和20年（１９４５年）の秋でした。それまでの約2カ月間広島に居たわけですが、どこでどのように暮らしていたのか今でも記憶は戻らず思い出せないままなんです。仁保町の母の実家（生家）で暮らしていたはずですが今でも思いだせないのです。

お祖母ちゃんのウジのことはこの2カ月の間のことのはずで、それだけが唯一記憶に残っていることで

す。奈良に行く時になって以降のことからやっと記憶はしっかりと残っているようになりました。

奈良に行ってしまうと母と別れて暮らすことになるので、最初は行きたくないと喚（わめ）いて抵抗したらしいんです。でも結局、奈良で2年間穏（おだ）やかな日々を過ごすことができ、そのお陰で体も心も健康を回復することができました。

小学校に上がるのを機会に元の横浜の社宅に帰り、横浜の小学校に入学しました。父は昭和19年に台湾に赴任したままで消息不明でした。実は父は終戦を迎える前に既に病気で亡くなっていて、そのことを私たちが知ったのは私が小学校6年生になってからでした。

私が中学2年生の秋、横浜の社宅が立ち退きになったのを機会に、今度は京都にいた叔父を頼って京都で暮らすことになり、母と私と弟の3人で京都に移り住みました。

母は調理師免許も栄養士の資格もとって警察病院の仕事をしながら私たち姉弟を育ててくれました。その母は84歳まで生きてくれましたけど、最後は肺線維症で亡くなりました。

被爆者であることの「惨めさ」を知る

私は昭和39年、24歳で結婚し、決して安産だったとは言えない状態だったけれども2人の女の子と1人の男の子に恵まれました。

頭に楔（くさび）の刺さったところと右足の甲に火傷したところは大人になってもなかなか治らず時間がかかりました。30歳の時椎間板ヘルニアをやって、その時、いつものかかりつけのお医者さんに「頭の楔（くさび）のささったところの傷と足の甲の火傷、やっと治ってきて、皮がはってきました」って言ったんですね。そしたら先生から「ああそうか、よかったね。じゃ子どもたちに悪い血全部やっちゃったんだね」って言われたんですね。

そんなこと言われたことがとてもショックで、その時初めて放射能を浴びた原爆被爆者ってどういうものなのか、その情けなさというものを知ったんです。だから今でも子どもたちには後ろめたいなあという気持ちはあります。子どもたちは「お母さんがそんな原因作ったわけじゃないし、お母さんに罪があるわけじゃないし、気にしなくていいよ」って言いますけど。でもやっぱり少し体の弱い子もいて、自分では「そうじゃないかな」と思ったりもしてました。

長女は結婚した先で「被爆者は忌避される」って言われ続けていたんですね。割と気の強い子だったんですけど、そう言われ続けて、もう体重が半分ぐらいまで痩せこけて、ある日「お母さん離婚してもいい？」って言ってきたんです。「被爆者は忌避される」ってずっと言われていたらしくて、孫が何か病気するとすぐにそれは原爆のせいではないかと言われてたんです。ゴキブリやネズミじゃあるまいし、忌避されるなんてね。娘はとても辛い思いをしたと思います。それで離婚しました。

京都は戦争でそれほどひどいことは起きなかったところだから、理解も薄いだろうから、被爆者だってこと言わない方がいいよって私の母からは言われてましたし、私自身もごくわずかしか記憶として持っていなかったもんですから、自分が被爆者だってこと言う必要もなかったんですね。ずーっと誰にも言ってなかったんです。ただ、子どもが出来て、頭の傷と足の火傷が治った時のお医者さんから言われたあの言葉で、自分が被爆者だってことの惨めさを感じてしまいました。

あの時の自分を取り戻す日々

平成15年に突然記憶が戻ったのですが、何もかもすべてが一度にスッキリと記憶回復したわけではないんです。8月6日のことで思い出したことも断片的なことが多く、そのため頭の中は整理がつかなくて混乱した状態でした。そんなことが2年は続きました。被爆の後のほぼ2カ月間の出来事も断片的な記憶しかなく、今も分らないままのことは多いんです。まだ失ったままの記憶をどうやって取り戻すか、自分探しの葛藤は今でも続いているんです。

私の孫が大きなお人形持って遊んでいるのを見て、それをきっかけに、私のお人形の「たえちゃん」を家に置いたままにしてきたこと、逃げる途中「たえちゃん」によく似たお人形が燃えるのを見て恐怖に襲われたことを思い出したこともありました。

私は自分が被爆者であることは小さい頃から知っていたし分っていました。でも被爆した時の様子や、逃げまわった時の経験などは母も親戚も誰も話してくれなくて、私は何もしらないまま大きくなっていました。ですから〝被爆者〟と言ってもまったく他人事のような感じだったんです。

昭和35年、20歳の時に被爆者手帳をとることになり、そのためには証明してくれる証人が必要で、広島に居た人にお願いしました。その時初めて、少しは状況を説明してもらったようなことでした。

証明していただいたその方は私たちが被爆した時に住んでいた町内の組長さんで、私と同い年の女の子のいた家で、当時幼稚園が一緒、原爆の落ちた日は2人とも園をさぼって助かったのでした。

武田靖彦さんの証言に衝撃を受け〝被爆者として生きる〟ように

58年前の被爆体験を思い出した翌々年の2005年、京都生協の本部からの要請があってNPT（核拡散防止条約再検討会議）のためにニューヨークに行く機会をいただきました。その時ニューヨークに一緒に行った広島の被爆者の武田靖彦さんの被爆体験を語り訴える姿に衝撃を受けたんです。武田さんはあの辛い悲惨な体験を泣きながらでも語られるんです。それは核兵器を必ず無くさなければならないという強い思いがあるからこその訴えであり、証言なんです。

武田さんの態度から、私もいつまでも逃げてばかりいてはダメだ、自分も行動していかなければ、と少しづつ思うようになっていきました。その頃からですかね、本当に自分を〝被爆者〟として自覚し、被爆者にしかできないことを、しっかりとやっていこうと思うようになっていったのは。少し大袈裟な言い方になるかもしれませんが、〝被爆者として生きる〟ように、生活の軸が定まっていったように思います。

ニューヨークから帰った頃から京都生協や、いろいろなところで私の被爆体験を語る、語り部の活動を行なうようになりました。縁あって佛教大学の授業でもお話しする機会をいただくようになりました。それでも最初からすべてが話せたのでないのです。自分の体験を話しだすと恐怖の思い出がよみがえってきて、途中で話せなくなることもしばしばでした。「ごめんなさい」といって打ち切るようなこともありました。その都度、私よりもっと高齢の先輩のみなさんがしっかり語り部をされて話されているのに励まされて、ちょっとづつ、ちょっとづつ乗り越えて行きました。

私は5歳の時の被爆ですから、見たもの、経験したことも5歳なりのものなんです。見たのは木々や植物であったり、犬や猫や蝉（せみ）たち、地面の下の蛹（さなぎ）や生き物たちです。そんな生き物たちの様子を幼稚園や小学校などで話すと、みんな前のめりになって聞いてくれました。そして「おばちゃん大丈夫だったんだね」と言ってくれるんです。

紙芝居『おばあちゃんの人形』の誕生

佛教大学の黒岩先生の授業で被爆体験を語っていく中で、子供たちにもっと分りやすく被爆体験を伝えていけるようにしようということで、学生たちによって紙芝居『おばあちゃんの人形』が製作されました。平成20年のことです。これは私の被爆体験と、「たえちゃん」という人形のことをモデルに紙芝居にまとめられた物語です。

2010年NPT再検討会議にて

NPT再検討会議は次の2010年にもアメリカ・オハイオ州・デートンのNGOの方々に招かれて行かせていただきました。その時紙芝居『おばあちゃんの人形』の英語版を作って持って行ったんです。ニューヨークの本会議が始まる1週間前にオハイオ州で、小学校、高校、大学、一般家庭含めて10カ所ぐらいまわって『おばあちゃんの人形』を見せてプレゼンテーションしました。

5月2日、ニューヨークでは世界各国から集まった人々のパレードがあり、長い長い列の途中で縁石に座り込んでいるNYの高校生5人がいて、その人たちに谷川佳子さん（立命館大学平和ミュージアムボランティア）がしゃがみ込んで『おばあちゃんの人形』を演じてくれたんです（谷川さんはツアーのコーディネイトと通訳を担当）。それを食い入るように見ていた1人の高校生が「僕の学校でもやってよ」と言ってくれて、その子の学校でもプレゼンテーションすることになりました。その学校からは後日たくさんの生徒からお礼と感想文を送ってくれて、とても感動しました。私は英語がまったくできないのですが、でも通訳の力を借りてでも何とかすれば、世界に、思いは伝わることを実感しました。

21世紀は人類の平和への激化

平成26年1月、「被爆者証言の他言語化ネットワーク（NET－GTAS）」が創立され、私も参加させていただいています。被爆体験が世界に広がることに微力でも尽くしたいと思っています。

京都原水爆被災者懇談会との関係は平成17年頃からです。それまでは被爆者を激励する立場にあって、京都生協の一員として被爆者へのプレゼントグッズを一生懸命作っていましたが、この頃から激励を受ける立場になってしまいました。その分、いやそれ以上に、〝被爆者〟として生き、被爆体験を語り続けて、お返しをしていきたいと思うようになりました。

冥土の土産にぜひ、核兵器廃絶を、もうどこにも原爆は落ちないから安心して下さいって、持っていきたいのです。「20世紀は戦争への激化」だったが「21世紀は人類の平和への激化」でありたいものだと思います。

証言活動も一人ではなかなか難しいものです。ごく身近な人々からの応援、幅広い人たち、ＮＧＯも含めての支えがあってこそできていることを、心から感謝しています。「核兵器って何？」と、何も知り得ない小さな子どもたちが無事に成長することをひたすら願いつつ、歩んでいきたいと思っています。

＊京都「被爆2世・3世の会」被爆体験の継承23より転載しました。
花垣ルミさんは、２００８年の原爆展から毎年証言していただいています。

被爆記

榎　郷子（2012年証言）

1945年8月6日、それは月曜日でした。広島では夏空に雲ひとつ無く晴れ渡った朝でした。広島では夏空に雲一つ無く晴れ渡った朝でした。第二次世界大戦の真っただ中の日本国民の生活は本当に質素で生真面目なものでした。その朝も父と母と姉2人と私の5人家族揃って食卓を囲み、なけなしの配給の草団子とか、庭を畑にして収穫したカボチャ等の乏しい食料を母が種々工夫して何とかお腹のもちが良いように作ってくれた朝食をとりました。

至極平凡な1日が始まって、至極平凡な1日が終わる筈でした。当時姉2人は広島県第一高等女学校に通っていました。今で言う中学校です。私たちは余り知らされていなかったのですが、すでに敗戦の色濃い時代だったのだと後で知り、「道理で」と今になって思い当たることがたくさんあります。

例えば、1941年私が学校に入学する年から小学校は国民学校となりました。何の不都合も無ければ改名などする必要は無い訳です。例え子供といえどもお国の為に役立ってこそと言う意味を込めて「小さいけれど国民」が学ぶ場所として国民学校になったのだと思います。時として為政者は都合良く改変をするものだと私の中ではその頃の体験が教えてくれました。姉たちは女学校の1年生と2年生でしたが、学校での授業はほんの僅かで、上の姉は男の人たちの多くが戦場に送られ、その手替わりに軍事工場で作業を手伝っていました。

下の姉は建物疎開の跡片付けに狩り出されていました。建物疎開というのは爆撃を受けた時火の手が燃え広がらないようにお国が強制的に区割して、その場所の家々を退去させ取り壊し広場にするのです。いずれも力仕事です。それでも彼女たちは「戦地の兵隊さんのご苦労を思うたら、うちらも頑張らにゃいけんね」と文句一つなく毎日勤しんでいました。

教育というものは強い感化を与えます。当時の日本では「大本営発表」というラジオのニュースのみが私たちと世界を繋ぐ唯一の手段で、その趣意に添った教育がなされていた訳です。例え意識が高く学識豊富な人たちが何らかの意見を国民に向かって述べたいと思っても、そのようなチャンスは皆無に近かったのではないでしょうか。当時私は子供でしたが「赤」とか「スパイ」とかと言う言葉をよく聞きましたし意味も判らず、その事が唾棄すべき事だと信じていました。人間というものは器に合わせて成長し、その器の型に成ると…。今思うと本当に恐ろしい時代を生きてきたんだなと悔しく思います。

八月六日の朝に戻りましょう。

姉２人は朝食を済ませ7時過ぎに２人揃って登校して行きました。玄関の引き戸から「行って帰ります」と挨拶をして、特に下の姉は欲しかった麦わら帽子が学校から配給になるので、その代金を母から貰ってルンルン嬉しそうでした。それが私が彼女の笑顔を見た最後になりました。次は私の登校時間です。

当時、８月と言っても夏休みなどは無く、子供たちは学校の校庭畑で農作業をし自作の野菜等を使った汁物の給食にありついていました。また、国の意向で子供たちは集団疎開や縁故疎開を行っていました。集団とは学校の先生が引率して爆撃の可能性が低く食料がいささかでも手に入りやすい田舎のお寺等に寄宿することをいいます。縁故とは親類縁者を頼って身を寄せることで子供心に肩身の狭いものでした。とにかく子供が勉学に勤しみ、社会性を身につけながら成長する環境には程遠い毎日でした。私はそのどちらにも入らず家に止まり残留組と呼ばれていました。極端な偏食だったからです。

6日私は中島国民学校に登校するはずでした。中島国民学校は現在の平和公園の辺りで爆心地から500メートルでしょうか。したがってあの日原爆の凄まじい爆風で校舎は崩壊し、校舎の下敷きになった先生方や生徒たちは炎に呑まれたそうです。御真影の安置された鉄筋コンクリート製の奉納殿が真っ二つに割れていたと聞きました。私は登校していませんでした。当時、父の勤務していた軍事工場付属青年学校は電休日に合わせて月曜日が休日でした。お父さん子だった私は大好きなお父さんと家にいると言ってずる休みをしました。何故か父も母も「そうねえ」と言って黙認してくれました。「チョンチャン」と呼ばれ末っ子で甘やかされていた当時の私はB29の轟音にひどく敏感な怖がりの女の子でした。少しでも飛行機の音がすると「Bが来たけぇ」と防空隊に向かって走ったりして「チョンちゃんのオソレ」と笑われました。その朝も「Bの音がする」と私が言ったのですが、「またチョンちゃんが！」と母が笑った時でした。ガラガラと鎖を巻き上げるような音がして「何?」と思った瞬間居間が暗闇になり目の前の壁を稲妻形の閃光がピカッと走りました。音は聞こえませんでした。一般には「ピカドン」と広島の原爆のことを言いますが、私の記憶では暗闇とピカッです。何が起こったのか理解できません。

人間の生に対する本能でしょうか、母が私の手を取ってダッと玄関へ向けて走りました。その瞬間家が崩れ落ち、母とつないだ手が離れ気が付くと私は家の中で唯一崩れ残った階段の片隅に佇んでいました。「お母ちゃん」と呼んだら「あんた大丈夫?」と母が玄関の瓦礫の中から立ち上がって来ました。頭から足先まで血だらけでした。後日医院で64カ所の傷からガラス片を取り出してもらいましたが、その時は手当をする術もなく立ちすくんでいました。父も庭に吹き飛ばされていて左足の薬指が千切れそうになっていました。痛いという感覚は無いようでした。とりあえず瓦礫の中から這い出した私たちの目の前に驚愕の光景がありました。

我が家だけでなく隣もその隣も町内中見渡す限りペシャンコに潰れた家屋の山でした。「うちに直撃弾が落ちたけえ」と言って這い出してきた人々は余りのことに茫然自失、声もありませんでした。「ここにおりますけえ助けて下さい」と崩れた隣家の下から声が聞こえました。立派な梁が邪魔になって奥さんと2歳の男の子が出て来られないのです。父を始め近所の人たちは何とかして出そうと頑張りましたが何分機器も無く、怪我人も多く無力でした。刻々と時は過ぎ、爆心地から2キロの私たちの地域にも火の手が迫って来ました。その時の経験から私は炎の高さが自分の胸の高さ迄伸びると恐怖で足がすくむと知りました。「もうええけえ行って下さい。もう行って下さい」と奥さんの声がして私たちは心を残しながら逃げました。やはり命が大切で逃げました。父が、出血多量で蒼白な母を抱きかかえて郊外へ向かいました。70年経った今も、あの炎の恐怖と「もうええけえ行って下さい」の声は忘れません。後日知ったことですがあの奥さんは25才でお腹には新しい生命が宿っていたそうです。

私たちは燃え盛る橋を突っ切ったり、瀬戸内海に流れ出る川口近くの流れの速い川を渡ったりしながら今の西広島駅近くの親類の家に逃れて行きました。すでにその頃には川に多くの人が流されていました。恐らく爆心地で灼熱の閃光に焼かれ、熱さから逃れようと自ら川に入り流されて来たのでしょう。大勢の人でした。あの中に姉も居たのかも知れません。皆海へと流れて行きました。あの日広島にいた人は、ほとんどが非戦闘員だったと思います。無差別ということです。上の姉は工場から友人たちや先生と逃げのびていた己斐の山から戻って来ました。山を下りた時、兵隊さんがトラックの上からメガホンを手に情報を叫んでいたそうです。その中に父が頼んでおいた姉へのメッセージがあって「家族はかねて約束していた庚午（こうご）にいます」と聞いたとたん、周りのお友達にさよならも言わずに踵を返して走ったそうです。今になって「薄情なことをしたよね」と言いますがあの時は人としての弁え（わきまえ）、振る舞い等いってはいられない非常事態でした。道を逃れて行く人は皆焼けただれ、目に長い竹製の物差が刺さったまま自力で歩いて行く女の人もいました。一様に無力で只々生きるために歩き続けていました。

翌日も、翌々日も市街地は燻（いぶ）り続けていました。私たちは戻らない下の姉を探しに町はずれの被災者収容所を訪ね歩きました。学校の講堂や役場の集会室には「水を頂戴」と懇願する焼けただれた顔は人間とは信じ難い怖い姿でした。父は煙のくすぶる中を爆心地近くにいた筈の姉を探して連日焼け落ちなかった鉄橋を渡って爆心地へ出かけました。当然のことながら私たちには「新型爆弾じゃげな」という噂が流れて来ただけで、原子爆弾についての正しい情報はありません。まして残留放射能が人に与える影響等知る由もなく、何の備えもないまま、毎日広島の街で過ごしました。

あの日、市内から逃れてきた人たちが、目から鼻から耳から流れる血が止まらなくなり「あそこの娘さんが」「あそこの旦那さんが」とみるみる亡くなっていきました。子供心にも可哀想にと思うほどボロボロに病み衰えて果ててました。今でいう急性白血病つまり原爆症でしょうが、かなり後日までそのことは認定されませんでした。原爆投下その日に亡くなった人は7万とも10万とも言われていますが、私の姉のように70年余行方不明の人たちも入れてその年の内、死者は20万とも言われています。2日目辺りから河川敷に大穴を掘り川からご遺体をどんどん入れ、上から薪を組み黒い油を掛けて兵隊さんが火葬していました。DNA等知りもしない時代でしたし、夏ですから致し方の無いことだったのかも知れません。もしかしたらあの中に姉がいたかも知れないと今も種々思います。姉の骨壷には合同慰霊祭の時学校から頂いた校庭の小岩が一つ入っています。

1週間程経って、私は小網町の第一県立高等女学校一年生が作業していた場所に行きました。見事なまでの焼野原でしたが、強制疎開で倒された家々の屋根から取剥がした瓦が山積になった一角がありました。見ると瓦の重なりの間に何かが挟まっています。ずるずる引くとかなりの大きさの布が出て来ました。姉の上衣でした。当時アメリカの戦闘機が時折上空から地上で動く物を狙って機銃掃射を行ったりしましたので、目立つ色、例えば白ブラウス等を避け、お母さんたちの古い着物を作り直した長袖の上っ張りを着用するようにしていました。作業中暑いし邪魔だったのでしょう。脱いで畳んで姉が瓦の間に挟んだのだと思います。「私はこの世に生まれて、12年間一生懸命生きたよ」と伝えたくて私に拾わせたのかも知れません。重症の床の中で母はその上衣を抱きしめて高熱を出しました。８月６日の前日珍しく本当に久々に「みかんのビン詰」が1個配給になりました。睦ちゃんが「食べたいね」と言ったのですが、母は「このように日の持つ物はいざという時にとっとこうね」と返事をしました。睦ちゃんも「ほうじゃね」と素直に納得したのですが、いざという時とは何時だったのか、悲しみと無念がこみ上げて来ます。母は「あの時、みかんを食べさせといたら良かった。どうしてあの子に食べさせんかったんじゃろう」と言って自分を責めては泣きました。亡くなるまでみかんは苦いと言って口にしませんでした。

今、自分が子供を持ち、孫を持ちあの頃の母の切なさが身に沁みます。もうこんな思いをする母を作ってはなりません。両親が亡くなった後、姉と相談して睦ちゃんの上衣は原爆資料館にお預けしました。住所、学校名、名前を書いた白布が縫い付けてあります。そして血液型は「Ｏ型」と書いてあります。当時英語は一切御法度でした。今の若い人たちにこのような状況下で睦ちゃんが生きたこと、そして原爆と共に消えたことを知って欲しい。決して忘れないで欲しい。二度と繰り返さないで欲しいと思ってお預けしました。

戦争はいけません。老人や子供おかまいなく犠牲になります。戦争は勝っても負けても何ひとつ良いことはありません。第二次世界大戦で亡くなった多くの方々に私たちは「過ちは繰り返しませんから」と誓いました。

＊榎郷子さんは、第8回原爆展（2012年）やゼミで証言して下さいました。

夫とユンクの意思を継ぐ

小倉　桂子（2013年証言）

1979年の夏、資料館長を経て歴代の広島市長の通訳を務めていた主人が急逝しました。平和記念式典で広島市長が読み上げる平和宣言の準備の最中でした。当時42歳の私は主人に代って、20年前に大学で習ったおぼつかない英語で海外から押し寄せる友人たちにヒロシマの思いを英語で伝え始めました。

8歳の時、私は爆心地から北へ2・4キロの牛田町で被爆しました。5年生の兄は学童疎開中であり、中学生の兄は学徒動員により広島駅の北で農作業をしていました。その日、何かを予感した父が「今日は学校に行くな」と申しました。自宅近くの路上には誰もいません。そして8時15分、私はすさまじい閃光に包まれ、爆風により路上に叩きつけられ失神しました。目を覚ました時、辺りは真っ暗で物音ひとつしません。最初に聞こえたのはどこかで泣いている弟の声でした。近所の藁屋根は瞬時に燃えだしていました。天井や屋根瓦が吹き飛ばされた半壊状態の家で見たものは、総ガラス張りの戸や窓のガラスが数百の破片となって壁や柱に突き刺さった光景でした。庭の大きな松の木は爆心地に面した幹の表面が焼け焦げていましたが、その木の後ろにいた父を爆風から守ったのです。幸いにも家にいた両親や兄弟は軽傷ですみました。やがて、広島駅の近くにいて顔や手に火傷を負った兄が目の前の二葉山を越えて帰ってきました。B29爆撃機が爆弾を落とす瞬間を見ていたというのです。巨大な雲に覆われた広島市の惨状を山頂から見たという兄の言葉は私たちを驚かせました。それまでの私たちは、余りの破壊の凄まじさに、爆弾は自分たちのすぐ側に落とされたのだと信じていましたから。たった1発の爆弾で広島市の全てが滅ぼされ、一瞬にして多くの人が怪我をしたり、亡くなったという兄の話は想像を絶するものでした。

すでに「黒い雨」に打たれ逃げ帰っていた私はもう一度門の外へ出てみました。その時初めて、ぼろぼろの衣類で包まれ、火傷を負ったり大怪我をした人々が避難してくる列に遭遇しました。頭髪は焼け焦げ、すすで汚れた顔や唇ははれあがり、血まみれになった何人かの人たちの皮膚は指先から垂れ下がっていました。中には大きな傷口が開いたままの人もいました。幽霊のような無言の列は応急の救護所に指定されていた近所の神社に向かっていました。すでに道路も神社につづく石段も、うずくまったり、横になったりしている重傷者であふれていましたが医者の姿はありませんでした。

一方、半壊した私の家にも怪我をした親戚や友人たちが避難してきました。伯父の背中に突き刺さった無数のガラスの破片を泣きながらピンセットで取り除いている姉、一晩中続く重症者の唸り声、血や膿の匂い。そんな中、すぐ側の裏山にも火の手があがりました。

私は恐怖でガタガタ震えていましたが、父の一言でさらに恐怖のどん底に突き落とされました。「お前たちは、ひどい火傷をした人に水をあげたりしてないだろうな。そんなことをするとその人はすぐに死んでしまうからな」。それは当時の常識だったそうですが、幼い私は知らなかったのでした。すでにある被災者が、私の差し出した水を飲んだ直後に目の前で亡くなっていたのです。私はこのことを兄弟にも話せず、「私は人を殺した」と自分を責め続け、長い年月にわたり、悪夢に悩まされました。

広島は一晩中燃え続けました。重傷者は毎日のように路上や石段の上で亡くなり、700人以上の犠牲者たちは、臨時の火葬場になった近所の公園で父や警防団の人たちにより荼毘に付されました。翌日の7日に高台にある神社の前から広島の街を見下ろしました。見渡す限りの焼け野原に建物の残骸が見えその向こうに海が見えました。遺体処理をする煙があちこちから昇っていました。

36年前、広島を世界に伝えるためのコーディネーターとして活動を始めた私ですが、自分自身の被爆体験は話さないようにしてきました。私が出会った多くの被爆者の証言は大変に貴重であり、驚くべき内容の数々でした。取るに足りない自分の話などするべきではないと感じたからです。しかし、数年前から広島市の「被爆体験証言者」として英語で被爆体験を語るという役目を委嘱され現在にいたっています。

＊ロベルト・ユンク

オーストリアのジャーナリストで作家（１９１３年〜１９９４年）。１９５７年に初めて広島を訪問しました。広島の原爆被害を「廃墟の光―蘇るヒロシマ」（日本語版１９６１年）を出版し、世界的なベストセラーとなりました。また、わずか10歳で白血病で亡くなった佐々木禎子さんの千羽鶴に込めた平和への思いを広く世界に知らせました。広島での取材を支援した小倉馨さんは、広島市の公務員でした。後に小倉桂子さんと結婚しましたが、１９７９年に亡くなりました。後にユンクが、１９８０年に5回目の広島を訪問した時、小倉桂子さんが通訳をしました。小倉桂子さんはユンクに励まされ通訳を始められました。

当時、原発取材の通訳を依頼された小倉さんでしたが、固辞します「通訳をしたこともないし、英語が上手なわけでもない。それに私はもう42歳です」と。しかしユンクは「肉親の死という悲しみを知り、原爆の恐ろしさをも知るあなたがもっともふさわしい」と通訳の世界に担ぎ出しました。それがきっかけとなりＨＩＰ（通訳者グループ）の誕生につながりました。ユンクの意思を継ぎ、夫馨さんの意思を継ぎ、「ヒロシマ」を世界に伝えています。

ロベルト・ユンクは、１９７７年に「原子力帝国」を表し、原子力発電の危険性を警告しました。

２０１３年は、ユンク生誕１００年にあたることから、第９回原爆展（２０１３年）にユンクにゆかりの小倉桂子さんを招聘し講演をいただきました。

＊小倉桂子さんの講演とロベルト・ユンク生誕１００周年記念資料集「ヒロシマを世界に伝える」を参考にしました。

＊小倉桂子さん

１９３７年　広島市で生まれる。

１９５９年　広島女学院大学英文学部卒業。１９８０年頃より広島を訪れる外国人の通訳や取材のサポート、英語による被爆証言を始める。

１９８４年　英語で平和公園ガイドを行う「平和のためのヒロシマ通訳者グループ（ＨＩＰ）」を設立し、和英対訳「ヒロシマ事典」、「平和公園ガイド」などを出版。

１９９０年　株式会社アテンション（通訳・翻訳・出版）設立。

２００５年　広島市民賞受賞、２０１３年第25回谷本清平和賞受賞。

２０１１年　広島市より「被爆体験証言者」を委嘱される。

２０１６年　「英会話しながら広島ガイド」をＨＩＰから出版。

第4章
平和を求める

沖縄戦を原点として

謝花直美（沖縄タイムス編集委員）

「辺野古の工事が進めば結局、沖縄は負けたことになるのでは」。数年前、辺野古新基地を巡る沖縄の現状を、沖縄県外で話した時、冒頭のような質問を投げかけられた。勝ち負けという見方で考えたことはなく、驚いた。「負けた」という言葉の反対は当たり前だが「勝った」。沖縄戦後、71年間居すわる米軍基地に対し、沖縄の人々は長い闘いを続けている。激しい闘いもある。静かな闘いもある。闘いは終わったことはない。だから、「負けた」という語は、沖縄の運動を語る時に馴染みがない言葉だ。沖縄の人々がどのような厳しい状況にあっても、決して「負けた」と思わないから。希望を捨てた時が「負けた」時だから。そのような中で71年を歩み続けているのだから。

沖縄は辺野古新基地を巡る長い闘いの中にある。先日は沖縄県の翁長武志知事が、国の埋立申請を取り消したことを巡り、２０１５年７月知事の埋め立て承認取り消しを違法とし国が代執行訴訟を提起した。さらに、同12月、県が国を訴える抗告訴訟、２０１６年２月、国交相の執行停止決定の取り消し求め県が提訴した。

県と国間で同時に進む３つの訴訟の内、裁判所が示した工事中止の暫定和解案が国が応じるという動きがあった。シュワブゲート前で連日抗議活動を続ける人々からは勝利と安堵が出たのも束の間、わずか3日後、国は和解の手続きを進める一方で、新たな裁判を勧める可能性を示した。今夏の参院選挙を意識した動きとの見方もあったが、国は新基地建設予定地を辺野古ですすめることを明言している。

日々緊張が続く中、ゲート前に駆けつけ、座り続ける人々の存在がなければ、国もこのような手順を踏むこともなかったはずだ。熱い日差しにてらされ、悪天候の時も日々、ゲート前で黙々と抗議活動のために座る人々。その姿勢に沖縄の闘いの原点がある。1956年の軍用地強制接収に抵抗した伊江島の人々の乞食行進、2012年のオスプレイ強行配備で普天間飛行場を非暴力で封鎖した人々。沖縄の人々はずっと闘い続けている。その取り組みを支えるのが沖縄戦を原点とする経験だ。沖縄は本土とは違う戦後の時間を歩む。人々が現在まで平和に暮らせない状況が続いている。

1941年のアジア太平洋戦争の末期に起きた沖縄戦では住民15万人が無くなった。住民死者が、日本軍9万4千人（沖縄出身3万）と米軍1万2千人を上回るのが沖縄戦の特徴だ。本土上陸を遅らせるために「捨て石」として、持久戦を戦うために、沖縄の人々は「根こそぎ」に戦場動員された。住民の生活の場がそのまま戦場になり、人々は沖縄本島南部では摩文仁へ追い詰められて死んだ。沖縄戦は「人間が人間でなくなる」と言われた戦争だ。「鉄の暴風」と呼ばれた激しい攻撃で人々が殺害され、日本軍は、住民虐殺や「スパイ」視（しまくとぅば使用者、精神障がい者、朝鮮出身者）で住民を殺害した。軍命による「集団自決（強制集団死）」が起こり、家族や親族が互いに手をかけ、命を奪った。米軍は本土攻略に向け、戦時中から基地建設を進めるため、広大な軍用地を確保した。住民は、収容地区に閉じ込められ、元の場所に帰還することができなかった。長い避難で衰弱した人々は帰郷を果たせず、死んでいった。本土とは異なる沖縄の戦後の歩み、今も全国の0・6％の面積に74％の米軍基地が押しつけられている。それは沖縄本島では20％にあたる。戦争のダメージは71年たったいまも回復されていない。地中にはなお不発弾2050トンが残るとされ、処理に70年かかるといわれる。戦死者の未収骨が3000体あるとされる。米軍基地になった古里へ帰れない人々は、コミュニティの崩壊・地域文化継承の困難に直面している。生き延びても戦争孤児となり教育機会を奪われている。戦争は有形無形に今も沖縄社会に大きな影響を与えている。見えにくい家族へのダメージ、社会へ大きなダメージが続いている。

戦争をする国になろうとする日本への懸念から、沖縄の戦争体験者は語り続けてきた。２００６年の歴史修正主義による「集団自決（強制集団死）」の書き換えをねらう動きは、住民が自ら国のために死んだという策動だった。身内どうしが手にかけあい、戦後も沈黙を守っていた人が語り始めた。「ばーん、ばーんと始まった。もうどういっていいか分からない。隣にいた恒子がなくなっていた。紀子は足が皮一枚でつながっているような大けがだった」（渡嘉敷の97歳女性の体験）。娘2人を無くした女性は戦後、辛い時も楽しい時も、心の中から娘たちが離れることはなかった。

現在、70~80代の人々は大切な子ども時代を戦争で奪われている。とりわけ厳しい体験をしたのが戦争孤児だ。かつて越来村にあったコザ孤児院には「カチヌミホロホロー（垣根の辺りをさまよう子）」と呼ばれた子どもがいた。4、5歳の男の子は世話係の女学生が目を離すとすぐに、垣根の中やカマドの煙突のすき間や、床下に何日も隠れた。話すこともできず、「カチヌミホロホロー」と呼ばれた。いつも、何かにおびえるように、ぶるぶると震えていた。親と死に別れ、話すこともできないほどに心に変調を来した子どもたちが、今、高齢者となって沖縄の社会を生きる。

戦後の貧しさで学校に通えなかった70代の女性は「教育を受けていない引け目がずっと胸にあって、人前で字を書かなければならないときには頭が真っ白になってしまうんです。平仮名さえ思い出せなくて」と話す。沖縄戦はけっして過去のことではなく、今の沖縄の人々の生き方、社会のありかたに影響を与え続けている。そのような中から、沖縄の人々の平和を願う気持ちが生まれてくる。それが米軍基地に対する長い闘いを作っている。根っ子にあるのは、平和な世の中で自由に呼吸をし、生きたいという思いだ。

２０１５年６月23日の慰霊の日に平和の詩と題して、与勝高校３年の知念捷さんが朗読した「みるく世（ゆ）がやゆら」が沖縄の人々の気持ちを表している。以下に全文を引用する。

平和を願った古の琉球人が詠んだ琉歌が　私へ訴える
「戦世（いくさゆ）や済（し）まち　みるく世ややがて　嘆（なじ）くなよ臣下　命（ぬち）ど宝」
70年前のあの日と同じように　今年もまたせみの鳴き声が梅雨の終りを告げる
70年目の慰霊の日
大地の恵みを受け　大きく育ったクワディーサーの木々の間を
夏至南風（かーちーべー）の　湿った潮風が吹き抜ける
せみの声は微かに　風の中へと消えてゆく
クワディーサーの木々に触れ　せみの声に耳を澄ます
みるく世がやゆら

「今は平和でしょうか」と　私は風に問う
花を愛し　踊りを愛し　私を孫のように愛してくれた　祖父の姉
戦後70年　再婚をせず戦争未亡人として生き抜いた　祖父の姉
90才を超え　彼女の体は折れ曲がり　ベッドへと横臥する
１９４５年　沖縄戦　彼女は愛する夫を失った
１人　妻と乳飲み子を残し　22才の若い死

南部の戦跡へと　礎へと
夫の足跡を　夫のぬくもりを　求め探しまわった
彼女のもとには　戦死を報せる紙一枚
亀甲墓に納められた骨壺には　彼女が拾った小さな石
戦後70年を前にして　彼女は認知症を患った
愛する夫のことを　若い夫婦の幸せを奪った　あの戦争を
すべての記憶が　漆黒の闇へと消えゆくのを前にして　彼女は歌う
愛する夫と戦争の記憶を呼び止めるかのように
あなたが笑ってお戻りになられることをお待ちしていますと
軍人節の歌に込め　何十回　何百回と
次第に途切れ途切れになる　彼女の歌声
無慈悲にも自然の摂理は　彼女の記憶を風の中へと消してゆく
70年の時を経て　彼女の哀しみが　刻まれた頬を涙がつたう
蒼天に飛び立つ鳩を　平和の象徴というのなら
彼女が戦争の惨めさと　戦争の風化の現状を　私へ物語る
みるく世がやゆら

彼女の夫の名が　24万もの犠牲者の名が　刻まれた礎に
私は問う

みるく世がやゆら
頭上を飛び交う戦闘機
クワディーサーの葉のたゆたい
６月23日の世界に　私は問う
みるく世がやゆら

戦争の恐ろしさを知らぬ私に　私は問う
気が重い　一層　戦争のことは風に流してしまいたい
しかし忘れてはならぬ　彼女の記憶を　戦争の惨めさを
伝えねばならぬ　彼女の哀しさを　平和の尊さを
みるく世がやゆら

せみよ　大きく鳴け　思うがままに　クワディーサーよ　大きく育て　燦燦と注ぐ光を浴びて
古のあの琉歌（うた）よ　時を超え今　世界中を駆け巡れ
今が平和で　これからも平和であり続けるために
みるく世がやゆら

潮風に吹かれ　私は彼女の記憶を心に留める
みるく世の素晴らしさを　未来へと繋ぐ

＊謝花直美さんには、第6回原爆展（2010年）で、「沖縄戦とは何か～住民を巻き込んだ地上戦～」と題して講演をしていただきました。本稿では、あらためて原稿を書きおこしてくださいました。

引揚の街　舞鶴からのメッセージ

樟《たぶのき》　康《やす》（舞鶴・引揚げ語りの会）

私の拙い紙芝居を上演させて頂いてから、早８年の歳月。当時の学生さんたちも、今や社会人かと思うと時の流れを感じます。この度、その記録集を発刊され、再び次世代の方々に引揚の史実をお伝えする機会を頂き感謝の限りです。

第４回原爆展で、私は、引揚船の中で亡くなった幼子の遺体を海中に見送った、悲しい体験を紙芝居「お魚になった女の子」で伝えさせていただきました。私は、かつて、満州と呼ばれた、中国、東北地方のハルピン市で生まれ、終戦時は，鉄鋼の街鞍山市の小学校1年生でした。終戦の前日、父は現地で召集され、たった1日の兵隊で捕虜となって、２年間シベリアに抑留されていました。翌年の夏、母と私が日本へ引揚げる時、父は生死不明のままでした。

敗戦後の不安な日々を過ごした我家を離れる時、母は父の形見のような思いで、限られた荷物の中に、父から贈られたフランス製の口紅を入れていました。引揚の道中、その口紅が思わぬことに役立ちました。引揚船の中で亡くなった幼子に、「死化粧」をしてあげたのです。「フランス人形のようになったね」といわれた幼子は一度も祖国の土を踏むこともなく、海に葬られることになりました。船は、ボーボーと汽笛を鳴らしながら、遺体を沈めた場所を3回廻った後、長い汽笛を鳴らし、まるで断ち切りなさいと言うように船足を早めて、海面には白い泡がいっぱいたっていました。それを眺めながら、泣き続ける私に、母は「亡くなったまり子ちゃんは、きれいなお魚とお友達になって、仲よく遊ぶわよ」と言いました。その時、すでに8歳になっていた私には、ウソだと解っていましたが、そう思うしかありませんでした。その時の思いを綴ったのが、「お魚になった女の子」です。

2015年、舞鶴引揚記念館は、1988年建立以来、2度目のリニューアルオープンを果たし、続いてユネスコの記憶遺産登録も決定して、私も語り部の一人として、全国から多くの来館者をお迎えしています。1945年、太平洋戦争終戦時、海外に残された日本人660万人（以下すべて概数であり、中には定かでない数字もあります）。当時の人口からすると、9人に1人に近い人が何らかの形で日本を離れていたのです。民間人300万人、軍人軍属360万人。それらの人々を、祖国日本に帰還させるのを「引揚事業」と言い、そのために、博多、佐世保など全国10港が、引揚港に指定されました。その一つがわが舞鶴港で、1945年10月から13年間に、66万4531人が上陸しています。その中の45万人に上るシベリア抑留体験者の方々の要請がきっかけで、建てられたのが「舞鶴引揚記念館」です。彼の地で亡くなり、祖国の土を踏めなかった5万7千余の同胞への鎮魂の思い、三重苦と言われる、飢えや寒さ、重労働の他に思想教育の軋轢、終わりの分らぬ不安の下での抑留生活を、後世の人たちに伝えようと、建築費の3分の1と言われる寄付金や1万2千点以上の資料が寄せられました。

今、舞鶴引揚記念館ではこれらの資料を基に、全国から380万人近い方々を全国からお迎えし、引揚を通して、風化しつつある戦争の史実をお伝えしております。

その中で、私自身がぜひお伝えしたいのは、シベリア抑留体験者の約4分の1、15万人と言われる、私の父親のような、満州でにわか動員された兵士たちと、その家族の敗戦後の状況や引揚です、敗戦時、満州に居た150万人以上の人々、特に開拓団民と言われるソ連との国境などに住んでいた人たちは、根こそぎ動員と言われるように、男たちを兵役に取られ、女・子供・老人だけが残されていました。開拓といっても、実際には中国人たちの土地を取り上げたものが多く、その恨みつらみは、敗戦後、日本人に対する略奪や暴動に繋がって行きました。

私自身は、都市部に住んでいたので、比較的安全でしたが、奥地の開拓団からの逃避行をしてきた人たちの中には、途中で力尽きて「私、ののさま（仏さま）になるのね。」と母親の手にかかって死んでいった子、殺すよりましかと、その場に置き去りにされたり、中国人に預けられた残留孤児たちのことは、皆さまもご存知のことと思います。女たちの多くが、頭を丸刈りにして男装をしていたのですが、ソ連兵たちの餌食にされ、それを苦にして、やっとたどり着いた引揚船から、入水自殺をした女性など、数えきれない悲劇がありました。

「生きて虜囚の辱めを受けるなかれ」の戦陣訓は、兵だけでなく、多くの民間人にも影響して、集団自決など、自殺で亡くなった人たちは1万5千人を超えると言われています。

引揚者、６６０万人には６６０万通りのドラマがあります。それら一つひとつは小さな点に過ぎませんが、それらを繋げば線になり、線を並べれば面に、面を重ねれば塊となります。引揚の史実に関心を持って下さる方々の、点一つひとつが、塊となって次世代の平和を支えて下さることを願って、舞鶴からのメッセージとさせていただきます。

みなさま、どうぞ舞鶴引揚記念館へお越しください。「舞鶴・引揚げ語りの会」の仲間ともども、老いの身に鞭打って、お待ちしています。

２０１６年１月

＊樟康さんには第４回原爆展（２００８年）で、平和紙芝居を上演していただきました。

原爆展、10周年によせて

畑中恵美子（紙芝居文化の会）

戦後70年を越えて、佛教大学で開催されている原爆展も10周年、時の経つのは早いものだと感じ入ります。私も戦後の生まれですので戦争のことはわかりません。京都府家庭文庫連絡会で活動中に「きみには関係ないことか」という児童書での戦争についてのガイドブック作成のための解題を書かせていただいたことや紙芝居文化の会での「紙芝居と戦争についての学び」、佛教大学社会福祉学部の先生との出会いがあり、深く学ぶ機会を得て自分なりの戦争についての考えを持つようになりました。特に黒岩先生のゼミで関わらせていただいた「原爆被害者、花垣ルミさんの被ばく体験」を紙芝居に制作するにあたって原爆についていろいろ学ばせていただきました。学生さんたちと一緒に紙芝居を作成させていただいた経験は、原爆の史実をしっかりと受け止めることが出来た貴重な体験でした。

原爆展で紙芝居をさせていただいて印象に残ったのは、「広島の原爆は、今こんな風に話をしているときにいきなり空がピカッと光って、次の瞬間爆風でいろんなものが一瞬にして吹き飛び、自分の体が溶けて痛みと熱、苦しみと渇きに襲われること。沖縄戦では自分の生んだかわいい子供を隠れている壕でアメリカ兵に見つかってはいけないからと飢えや不安で泣くその口をふさいで、自分の手で首をナイフで引き裂いて殺さなければならなかった。それが戦争というものなのだ」と私なりの戦争観を、紙芝居を終えた後に来てくれた学生さんたちに話したことです。

「どうか、戦争というものにちゃんと向き合って欲しい。教科書や紙に書かれた資料だけでなく、何があってどうだったのかという人々の苦しみと理不尽な命の奪われ方と史実をしっかり学んでほしい。そうして、この中にきっと学校の先生になる人がいるのであれば、戦争について、日本が辿ってきた道を、どんなことがあっても人々は地に足をつけて助け合い、努力して今の日本を作ってきたのだ。その子孫が君たちだとちゃんと語れる先生になって欲しい」と伝えました。終わった後に３人の男子学生が足早に寄ってきて「僕たちは教師志望です。今日のお話から子供たちにちゃんと戦争を語れる、そんな教師になろうと思いました。今度沖縄に遊びに行く予定なのですが、ぜひ沖縄であった戦争のこともしっかり学んで来たいと思います。」と、言ってくれたのです。

私が戦争を学んだ甲斐があったという思いと共に、紙芝居が人に伝える力の強さもまた手ごたえと共に感じたのでした。

また、紙芝居はその特性からしても、起こったことや人の生きざまなどを、現場を見てきた人が語るように物事を伝える強い力を持ったツールです。今では戦争を語り継ぐ、いえ戦争だけではなく、震災もそうですが語り手の高齢化など、「伝えて行くこと」の目の前に突き付けられた問題を解決する一つの手立てを紙芝居は持っていると思っています。

これからも、紙芝居と共に学び、語り伝えて行くことを続けて行こうと思っております。

＊畑中恵美子さんには第４回原爆展（２００８年）以降、紙芝居の上演に協力いただいています。

避難者支援という自助活動をしてきたからこそ

西山祐子（一般社団法人みんなの手　代表理事）

震災からはや5年。当時2歳だった娘は小学1年生。改めて時の流れの早さを感じます。私たちの福島の家の除染は昨年完了し、放射線量も震災当時よりもだいぶ下がり、以前のような落ち着きを取り戻したかのようにも思えますが、もう元には戻らないふるさと。この故郷とはまだしばらく離れた生活が続きそうです。振り返れば、京都で暮らしてきたこの5年間、立ち止まることもなく避難者支援活動に突っ走ってきた日々でした。

震災直後、京都府は福島県からの避難者全てに無料の住宅を提供すると聞いて、東京に避難していた私は2歳になったばかりの娘を連れて父母と京都に再避難してきました。京都府には福島県はじめ宮城県、岩手県、茨城県等からの避難者が暮らしていました。津波の被害に遭い避難されている方と原発事故の避難区域に指定され避難を余儀なくされた方の他に、原発事故による母子での自主避難者が多数おりました。２０１１年12月に東北や関東から避難している避難者が孤独に陥らずに避難者の目線でニーズに合ったサポートをしようと避難者支援の団体「みんなの手」を発足しました。

避難した当初は、京都に来た避難者に生活に必要な家具や暖房器具等の支援物資を調達することや避難者通しがつながれるような避難者交流会などの場作りをしていました。避難者にとり、互いの思いを語ることや体験を共有することが安堵感につながります。特に原発事故による自主避難者にとって、交流会は、子供の健康や事故後の生き方についての情報収集の場であり、故郷の現状を確認する場であり、避難を選択した判断が間違っていなかったか確かめる場でありました。

生活の基盤が確立し、避難者通しの交流が図れるようになってから聞こえてきた声は、故郷から離れた生活から湧き上がるさみしさや不安でした。そこで、震災後初めて迎える正月に京都・福島間の家族再会バスを運行しました。「家族再会バス」には、故郷に帰らない家族に会おうと福島県から多くのお父さんやおじいちゃんやおばあちゃんが乗ってこられ、久しぶりの再会を喜び、数日後別れを惜しみました。

２０１２年夏には、福島県から避難してきた子供たちが故郷のお友達を招待して思い出作りをする同級生再会キャンプを実施しました。何も言わずに故郷を離れた友達同士の涙の再会やお母さん同士の再会もあり、離れ離れになった絆がまたつながったキャンプでした。

家族再会バスは現在まで継続して運行しています。当初福島の家族が乗車してきたバスは徐々に京都に住む避難者の帰省バスに変わりました。福島京都間年2回の運行が２０１５年からはバス代高騰のため、年末年始1度に減り、夏には宮城県からの要請で宮城・京都間の帰省バスが加わりました。このバスが昼便で休憩を多めにとるため子供たちや年配の方に負担が少ないことや避難者同士で帰省できること、家族も京都に利用できることから今後も継続の要望が出ていますが、継続できるかは資金調達にかかっています。今後はなかなか難しいのではないかと思われます。

２０１３年には、避難者がいつでも訪れることができて、参加できて、相談できる居場所を作るために「みんなのカフェ」というカフェをオープンしました。みんなのカフェのテーマは避難者のココロとカラダのケアとコミュニティ作りです。避難者のストレス軽減を図るためのヨガや気功などのワークショップやヒーリング。育児セミナーやカラダやココロのケアセミナー、親子イベントなどは地元の方と一緒に参加でき地域のつながりができ、福島県からゲストを招いて行う「福島の今を知る」お話し会や避難者が集う「夕食会」、「餅つき大会」などを通じて、避難者通しのつながりができました。

避難者ツアーも定期的に行いました。美山に雪灯篭を見に行くツアー、マキノ高原温泉&雪遊びツアー、南禅寺ツアー、八瀬の芋煮会&比叡山ツアー等企画しました。ツアーには、子供さんからシニアの方まで多くの方々が参加しました。故郷の自然豊かな生活を思い出し、避難者仲間と共に過ごす時間が避難者の方にとり楽しみであり、癒される時間であったかと思います。

このように、5年間の中で避難者としての視点を忘れず、変わり続けるニーズに応えるように内容を変えながら活動してきました。活動は、故郷、家族、親戚、友人や生まれ育ってきたコミュニティから離れた避難者が孤独に陥らず生活ができること、故郷との関りを持ち続けること、支援が終了するまでに京都で生活の基盤ができ人とのつながりができようになれることを目的にしてきました。

京都での無料受入住宅の期限が避難から6年で切れます。2017年3月末から避難者が徐々に住宅から退去していきます。避難者にとって大きなターニングポイントである2017年を前に、帰還するのか、新住宅を見つけて避難生活を続けるのか、もしくは家族で移住するのか、避難者はそれぞれが決断しなければなりません。

「避難し続けるのか　それとも　帰るのか」――それは避難者が5年間問い続けた問いでした。これまでは帰りたいか帰りたくないかの気持ちの問題だったことが、気持ちだけではなく、家賃、子供の学校、仕事、居住地域等の生活についても考えなければならなくなり、なかなか難しい選択になると思います。加えて、これまで作り上げてきた避難者住宅でのコミュニティがなくなるという危機にも直面しています。これまでなら同じ住宅に避難者が住んでいてそれだけで安心して暮らせていられたのが、これからは避難者とは離れてひとりで生きていかなければなりません。

そんな状況に対応するために、みんなの手では避難者の居住・移住関する相談窓口を設けて、新生活に向けて思いを整理して現実的な生活の提案をしていきたいと思っております。またこれまで以上に避難者の結びつきを強化して、居住地を超えた避難者コミュニティ作りに励みたいと思っております。

これからも、私たちの長い旅は続きます。２０１１年3月11日から始まった長い旅です。故郷から離れて故郷を思う。故郷の民と共に遠く離れた地で生きていく。震災から得た教訓を胸に生き抜くこと。それは、それまで社会に目もむけずに生き、「自分一人では変わらない」とあきらめ声を上げてこなかった自分ができることを精いっぱいすることであり、ビジョンを持って新しい社会を作っていこうとすることであり、喪失した中に見出した生きる道です。きっと、避難者支援という自助活動をしてきたからこそ、自分は絶望せずに希望を持ち続け今日まで生きてこられたのだと思います。これまで、支えてくださった支援者の方々や共に時間を共有してくれた避難者、そして、離れた地で頑張っている同郷人に感謝しながら、これからも希望を持ちながら生きていこうと思います。

＊西山祐子さんは、第8回原爆展（２０１２年）で「福島からの避難者の現状と支援の課題」と題して講演していただきました。以降、授業やゼミなどで学生に原発事故後の福島の状況などを伝えていただいています。原爆展では福島支援などの震災支援コーナーを設けています。

関西圏の研究者や運動家と一緒に、平和問題を

山崎文徳（立命館大学経営学部）

私が佛教大学の学生さんや先生方との御縁をもてたのは、２００２年に提訴された原爆症認定集団訴訟を支援する集会や裁判での出会いだったように思います。２００８年には非常勤講師として「平和学Ｂ」を担当した龍谷大学で、ゲストスピーカーとしてジャーナリストの西谷文和氏と湾岸戦争帰還兵のデニス・カイン氏を招く機会があり、その際にも佛教大学の学生さんにご参加をいただきました。

私が２０１１年７月７日に佛教大学の原爆展に際して、「科学・技術の歴史から考える～原爆と原発」という講義を担当させていただいたのは、そのような平和運動の中での出会いに加えて、関西平和問題研究会の事務局を担当していたことが理由にあると思います。

関西平和問題研究会は、２００４年11月に立命館大学で開催された日本科学者会議第15回総合学術研究集会における平和問題の分科会参加者を中心に設立された研究会です。立命館大学の故向井俊彦先生や安斎育郎先生に代表を務めていただき、主に私（山崎）が事務局を務めてきました。

２００５年から２０１１年まで計24回の研究会を開催しましたが、主なテーマは次の3点でした。第一に東アジア共同体を展望した際の政治的・経済的問題を明らかにすること、第二にアメリカの軍事戦略、軍事生産の構造を明らかにすること、第三に日本国内の新自由主義、靖国史観とナショナリズムを明らかにすることです。毎回2名の報告者をお願いし、研究者のみならず、メディア関係者や学生、市民の方にもご参加いただきました。

関西平和問題研究会は、現在は休止状態で、私は勤務校の立命館大学で安保関連法案などの学習会を開催するなど、ごくささやかな活動をしています。しかし、いずれは、関西圏の研究者や運動家と一緒に、平和問題を議論できる場を改めてつくりたいと思っています。その際には、佛教大学の先生方、学生の皆さんにもぜひご参加をいただきたいと思っています。どうぞよろしくお願いいたします。

＊山崎文徳さんには、第７回原爆展（２０１１年）で、「科学・技術の歴史から考える～原爆と原発～」と題して講演をいただきました。

平和へのメッセージ・後輩への言葉

井谷　恵

大学を卒業して7年が経過した。今、社会人になって振り返ると、戦争を体験した人の話を聞いたり、みんなで勉強会を開いたり、貴重な時間を過ごしていたなぁと懐かしく思う。なぜこの活動に参加していたか振り返ると、お坊さんである父のことを思い出した。小さい頃、アフリカのジェノサイドや飢餓のことを教えてくれた。世界で起きていることに目を向けること、今、食べ物があって、住むところがあること、平和な日々に感謝することの大切さを学んだと思う。

東日本大震災を経験して

話を聞くことと、経験することとは大きく違った。まさか、自分が社会人になって、大地震・津波・原発事故を経験し、福島県から新潟県に避難し、老人ホームで避難生活をするとは思ってもみなかった。自然災害・戦争に対して、人間一人の力は小さい。生きたいと願っても、大きな力に逆らえず、死んでしまうことがあることを体感した。そういった経験が、私の中に暗い影を落としている。ふとした時に、怖かった思いが思い出される。

「苦しい気持ち」は一生残る。

大学を卒業してから、老人ホームで働いている中で、戦争が人にあたえた影響を感じる瞬間がある。「〇〇部隊に配属されていた経験を一生忘れるな」と紙に書いて、居室に貼っていた人。

「B29がくる。殺される」と夜中に、起きてくる人。大阪が焼け野原になった話や、食べ物が満足に食べられなかった話をよく聞く。ずっと、心に残るんだなと思いながら。時代の中で、生きてきたことを感じる。苦しかったことを苦しかったと言えること。心のトラウマになる出来事でも、聞いてくれる人がいる。そして、支えてくれる人がいるということが、力になるのではないかと思う。戦争を経験した世代と、若い世代をつなげていく。同じ過ちを繰り返さないために。

福島に帰省して、変わっていく街を見るたびに、複雑な気持ちがする。福島の原発はどうなるんだろう。廃炉まで、あと何年かかるんだろう。放射能はどうなるんだろう。自分が生きている間はどうにもならないだろうから、次の世代に引き継がれていく。私が、おばあさんになる頃には、昔、震災があってね…と今とは違う形で振り返ることができるのだろうか。私が、おばあさんになったら、戦争を体験した世代はいなくなってしまう。そして、私もいなくなる頃には、震災のことも昔の出来事になるのだろうか。

今、できること

辛い出来事も、今の仕事に役立っていると思いたい。老人ホームに入所するってどういうことなんだろう。なじみのある地域から離れる人もいる。親しい人と別れた人もいる。体も思うように動かない。そういう中で、生きていくことはどういうことなんだろう。ケアワーカーとして、できることは何なんだろう。と思いながら働く毎日を送っている。

後輩へのメッセージ

平和のない社会に社会福祉は成立しない。その体験から何を学ぶのか。今の社会って平和なのかなって思うと、そう思えないようなことがたくさんある。その中でも、自分にできることからはじめる。活動が続いていることがとても嬉しい。大学生である今の貴重な時間を大切にして、いろんなことを吸収してほしいと思う。

＊井谷恵さんは、佛教大学社会福祉学部の卒業生です。在学中は原爆展の開催に尽力してくださいました。第10回原爆展（２０１４年）では、東日本大震災とそれに続く原爆事故の被害者として講演をいただきました。

原爆と平和教育

布川庸子

山城地方で平和教育ということがいわれ出したのは１９７０年代になってからだ。敗戦から四半世紀も過ぎていたが、私はこういうことの必要を感じていただろうか。ふり返ると戦争は徹底した天皇制軍団主義教育を受け、戦後はわけもわからぬまま、今までの教科書に真っ黒に墨を塗らされた。年々体は大きくなるのに、食糧不足は年々ひどくなり、野草まで採んでおかずにした。戦中英語教師だった父は不遇のうちに敗戦を迎え、これから英語の出番だと張り切っていた矢先き、流行性の病で亡くなってしまった。それからはどん底生活を味わった。進路だって貧しさ故に希望はかなえられず悔しい思いをした。いろいろ人としてつらい目にあっているのにそれが戦争が影響していたのだと頭をめぐらすのではなく、ただ忍従してきた。また戦後の10年間は、毎日の食べることに精一杯で戦争について考えたり、体験した戦争をふり返ったりする余裕はなかった。

１９５５年、小学校に就職

結婚して子ども出来、生活は安定してきたが、子育てをしながらの勤めでは、毎日が追われるような日々で、この時期も戦争のことを振り返ることはなかったと思う。

教師として働くことになって、一番心の底にしっかり刻みこまれたのは「教え子を再び戦場に送るな」という言葉だった。「お国の為、天皇の為に死ぬことが、日本人として一番立派な生き方だ」と叩きこまれていた者にとって、先生が戦争協力していたではないかと思い出すからこそ、この言葉を、しっかり心に持って教師をしていこうと誓うものがあった。しかし、具体的にどのようなことをしていったらよいのかは、何も解っていなかったと思う。ただ何らかの機会に、頭の上を爆弾を積んだB29が飛んだとか、食べ物不足がつらかったということなど子どもたちに話したことはあった。戦争は嫌だよ、悲惨だよという思いを話すという程度のものだった。

正直言って、宇治のある中学校が修学旅行で広島へ行くと聞いたときも、その取り組みのもつ意味合いを把握できていなかった。甚大な被害を受けたということは知っていても情報の公開もなく、いや、あったとしても私自身の関心度の問題だと思うが、精しいことは知らなかった。つまり、戦争そのものへの振り返りが無かったと言えるだろう。

１９７０年から2年務めた中学では、冒頭に書いたように平和教育を行っている中学があると聞いただけで、何もせず、小学校に移ってしまった。その中学では、同和教育問題の面から、歴史や社会問題に関心を持たざるを得ず、いろいろ本を読んだりするようになった。

夫を戦争で亡くした女性校長の話

小学校へ変わってからもその延長で、人間問題を考えていきたく、同和部、社会科部に所属することにした。組合が主導だったが、城陽の地でも夏休みの8月6日か9日を登校日にして平和教育をする学校が増えて来た。平和教育は原爆の日にその悲惨さを伝えることから始まった。第一回目、全校生徒への話を学校長に頼んだら、夫君を戦争で亡くされた女性校長が、桃色の夾竹桃の小枝を手に壇上にあがり、被爆して目茶苦茶になった広島で、真っ先に咲いた花だと子どもたちに話されたのが心に残る。まだ、その時期は私より年上の先生に、このように、直接夫を亡くされたり、兵士として戦場を体験されたり、身近な人を戦争で亡くされた人もおられた。夏休み前は社会科部で集って、今年は、どんな内容でやろうかと知恵をしぼった。グラビア誌を切り貼りして、パネルを作って展示したり、広島の原爆の被害者14万人の犠牲ってどんなことだろうと、子どもたちに新聞や雑誌の顔写真を持って来させ、体育館の壁一杯に貼ったこともあった。

もっと人権問題に踏み込んだ教材を子どもたちに与えようという主旨から使われるようになった「はぐるま」という冊子も、原爆や戦争のことを書いたものがあったから読み聞かせをすることが多かった。そのころから、国語の教科書にも戦争のことが載るようになってきた。中でも3年の「おこりじぞう」は原爆体験そのものだったので、クラスの朗読の上手な女生徒に、全校の前で読んでもらった。一語一句間違えず、堂々とやってくれたことが大変心に残っている。

それから、次の学校に移ってからも何らかの形で平和教育には関わってきた。そして最後の勤務校に転任したのは１９８８年だった。もう現場は、私が一番年上になっていた。私自身は5年生の時が敗戦だから、子どもの戦時体験で私より年上の人はまた違っていただろう。生々しく体験していた人がぼつぼつ退職していなくなってきた。それを見越してと言うことか。教育の反動化が年々進んできたのだ。夏休みの登校日の平和学習を何だかと口実をつけてやらせないようにする学校も出てきた。私の学校など典型的な例だと思うが校舎の改築工事をしていたので、一方的に学校長が中止にしてしまった。そして式典には君が代の強制である。国家だから歌っていいのじゃないかと言う人もあろうかと思うが、戦争中それがどういう役割を果たしていたか、もっと歴史を学んで欲しい。国民学校教育は、「天皇のために生命を捨てることが日本人として最高の生き方である」と教え込むためのものであり、それをまともに受けた者として口が裂けても歌いたくない。今は「君」とは、「あなたと私、みんなのことだよ」とごまかしているが、「君」とは天皇をさし、天皇の代が千代も八千代も続きますようにということなのだ。若者がその価値観を叩きこまれ、志願して戦場に赴いた歴史を知って欲しい。

戦争を体験した私の平和教育とは悲惨さを伝え知ってもらうことだった。佛教大学の学生さんが、先生のご指導のもと平和ミュージアムに見学に来て下さったり、被爆者の証言を聞く取り組みをされたり、原爆展を続けて来られたりしたことは、人生にとって大変良い経験をしておられると思い、今の若者に期待が持てる。

平和ミュージアムの語り部として

今まで述べてきたように、私自身目が覚めるのは遅かった。在職中は自ら進んでというのではなく周りを見て従ってきたということだったと思う。退職して、新聞で平和ミュージアムで平和の語り部にならないかとの記事を見て応募した。そして養成講座で、それまでの自分の無知さ加減を思い知った。展示室に入っては、このような内容の展示が出来る先達の存在を知り頭が下った。勉強しなければガイドなんてできない。本を読み、講演を聞き、仲間同士の学習会に参加した。つまり、そういうことをしながら、おずおず始めたガイド活動だった。個人は戦争をしたいとは思っていない。国家という名を傘に着た為政者が、己の地位や利益を得るため、巧妙に国民を操って矢表に立たせ犠牲を強いて来たのが過去の戦争だったと、明治からの歴史を振り返るとわかるのではないだろうか。秘密保護法を通したことは自分等のやっていることを極秘裡に進めようということで、今戦争の足音は刻々近づいている。戦争をくぐった者として、絶対、子や孫の世代に戦争だけは残したくない思いを体の続く限りこれからも訴えていくつもりである。

＊布川庸子さんは、立命館大学平和ミュージアムの語り部・ボランティアとして活動されています。佛教大学の学生が見学した際にはいつもお世話になっています。

「志なさん」の思いをしっかりと受け継いで

冨森千恵子

昨年7月に開催された「平和でつながる〝縁〟原爆展」の設営の際、パネル展示の中に、長崎の原爆資料館に収蔵されている絵「悲しき別れ―荼毘」のパネルがありました。この絵は原爆投下から10日後、薄化粧をした振り袖姿の少女2人が火葬される光景を描いた作品で、作者は長崎で被爆された松添博さんです。被爆当時14歳。1974年、戦後29年が経った時に描かれました（松添さんは、2014年4月13日死去。83歳）。

この1枚の絵が元になり、後に松添さんが絵本にまとめられたのが「ふりそでの少女」です。私がこの絵のこと、絵本のことを知ったのは、2人の少女のうち福留美奈子さん（当時9歳）の母、志なさんが1990年、当時88歳で長崎の原爆資料館を訪れ、絵の美奈子さんと初めて対面する〝鎮魂の旅〟のドキュメント番組でした。

福留志なさんは、1902年京都府綾部生まれ。1921年から8年間、京都市内の保育所で保母（保育士）として勤務されていました。結婚して二男一女にも恵まれます。1942年、長崎の親戚に長男と長女の美奈子さん（当時6歳）を預け、仕事で赴任する夫と共に次男を連れて上海に渡ることになります。1945年8月9日長崎に原子爆弾が投下され、終戦の翌年1946年に志なさんは日本に帰国。上海で夫を亡くされ、帰国後、綾部に戻ってから、長崎に原爆が落とされたこと、美奈子さんが亡くなったことを聞かされました。そして戦後は綾部で2人の子どもを育てながら70歳まで働き続けてこられました。

１９８８年、志なさんは86歳の時に、美奈子さんの最期が描かれた「悲しき別れ―荼毘」の作者松添さんと出会い、そして〝鎮魂の旅〟へとつながっていきます。

その〝鎮魂の旅〟以降、志なさんは広島へ修学旅行に出かける綾部中学の生徒に毎年千羽鶴を託されるようになります。「娘の供養のために小さなお地蔵さんを建てたい」と願い、その願いを聞いた綾部の中高校生が動き出します。95年には綾部で「ふりそでの少女像をつくる会」（以下、「つくる会」）ができ、全国から寄せられた募金で１９９６年春にお地蔵さんではなく、大空にはばたく振り袖姿の２人の少女の立派なブロンズ像が長崎原爆資料館の屋上庭園に建てられました。その像も今年で建立されて20年になります。

京都の綾部に平和を願い続ける方がおられたこと、そして、その思いを受け継いで「つくる会」が活動をされていること。ドキュメント番組を観て感銘を受けました。

同じ京都の地で福祉の仕事に携わるひとりとして、何か少しでもお役に立てることはないだろうか。職場内の平和学習会に「つくる会」の中心メンバーをお呼びして、志なさんの思い、中高生たちの活動の様子を伺いました。それがきっかけとなり、当時勤めていた職場の機関誌に志なさんを紹介することになり、取材で老人福祉施設に入所されていた志なさんにも直接お会いすることもできました。

戦後60年を目前にした２００４年８月に記事を掲載し、『「平和」が「福祉」の基盤でもあります。世界から戦争や核兵器がなくなるまで、志なさんの平和への思いをしっかりと受け継いでいきたいと思います。』と、私は原稿の最後を締めくくりました（福留志なさんは２００９年11月29日死去。１０７歳）。

それから戦後70年の節目の昨年、この絵と絵本そして福留志なさんの思いにもう一度、向き合う機会を与えていただきました。絵のパネルの傍に絵本も一緒に展示させていただいたところ、多くの学生さんが手に取って絵本を読んでおられたと伺いました。志なさんは「平和が一番、もう戦争なんかやめてほしい」「像を造って終わるのではなく、そこから世界へ平和を考える輪を広げたい」と願っておられました。そうした願いが、絵本を読んでいただいた方々を通じて、一人でも多くの人に輪を広げてもらえればと思います。「つくる会」の活動は、山脇あさ子著『ナガサキに跳ぶ〜ふりそでの少女像をつくった中学生たち〜』（1996年、新日本出版社）に詳しく紹介されています。

祖母の被爆

野口さやか

私の祖母（松﨑登美子*）は、２０１６年3月に94歳になりました。23歳の時、銭座町（ぜんざまち）という浦上駅の近く（爆心地から２㎞付近）で被爆しました。三菱重工の出張所で仕事中でした。空襲警報が解除になって、窓から空を見ていたら飛行機が来て、〝アッ〟と思い、〝ふわっと落下傘みたいなものが降りてるな〟と思っていたら、それが原爆だったのです。落ちた瞬間に光が来て、全身に大きなやけどを負いました。祖母は窓付近にいたため、被害が大きかったようです。中でも、手のやけど部分に５～６本のガラスが突き刺さったため、自分で３～４本取り出したそうです。その傷が30年くらいしてから痛みを感じ、病院に行ったら、親指からガラスの玉が出てきたそうです。ガラス玉は全身をめぐるうちにトゲが無くなったのか、ガラス玉が丸く真珠玉のような形だったそうです。記念に貰っておけばよかったと言っていました。本当に強い祖母だと思います。

祖母はすぐに防空壕に逃げ込んだのですが、その防空壕が三菱病院の防空壕と一緒だったそうです。たまたま知っている先生（三菱病院の医師）に声をかけられ、その時に初めて、手だけでなく顔も大やけどを負っていることに気付いたそうです。きっと無我夢中だったのでしょう。その先生が薬を塗布し包帯で手当てして下さいました。防空壕の中で、祖母が重症だったのだと思いますが、とても貴重な大きなビンに入った薬を、先生は祖母に下さったそうです。祖母が生き永らえることが出来たのは、その先生のおかげです。

祖父は兵隊で朝鮮に出兵していたため、被爆はしていません。祖母の親戚の家族は、思案橋から原爆中心地近くに強制疎開させられていたため、原爆により一家11人全員が死亡しました。原爆投下がちょうどお昼時だったため、昼ご飯を食べようとして服も着ていない骸骨状態で、曾祖父（祖母の父）がその被爆した姿を見つけたそうです。座った形で骨だけが残っていたのです。曾祖父が探し出した初日は、かなり熱く触ることが出来ず、2~3日後に骨を集め骨壺に入れて持ち帰ったと聞きました。

被爆後、祖母の髪は抜け落ち、口から出血し、お腹を壊し、しばらくすると斑点が出てきたそうです。〝斑点が出たら死ぬ〟と根も葉もない噂があって、祖母もつらかったと聞いています。半年くらいは寝たり起きたりの生活が続いたそうです。その後、盲腸で手術した時も、原爆の影響からか血が止まらず、お腹の中に血が溜まり、腹膜の手術をして3カ月過ごしたこともありました。また、救護所では傷口に大きなウジ虫がわいている人をたくさん見かけたと言っていました。

戦後、祖父が戻ってきてから、島原（祖父側の実家）に疎開したのですが、村八分にされながら過ごした1年間が一番つらかったといいます。〝あれはうつる病気〟と言われ、離れに住まされ、親戚であるおじやおばからも偏見の目で見られていたようでした。唯一、曾祖父（祖母の父）が守ってくれたことを幾度も感謝を込めて言っていました。島原は田舎で情報が入らないため、一層偏見・差別がひどかったのかもしれません。

孫の私は、島原では手術を受けられたからよかったと思い込んでいましたが、祖母には辛い思い出しかないようです。「原爆が無ければ、人生は違っていたと思う？」と問いかけると、「決められた人生だからおじいちゃん（祖父）についていくだけだった」といいます。それだけ祖母にとって、偏見や差別が心に深く傷ついて残ったということなのでしょう。

被爆後2年後くらいで、長男を産み、その後長女（私の母）を産みました。その後ずっと、血液の循環が悪いために起こる足のしびれ、手のしびれがあったようです。年齢的なものか原爆は関係あるのかわかりませんが、若い時でも骨粗鬆症のような徴候があったとも聞いています。

今回の祖母の話を聞き、印象に残ったことは、同じ長崎県に住んで一番助けてくれるはずの親戚が、根も葉もない噂に惑わされ、被爆者を追い込んでいくという事実でした。自分の理解や想像を超えるものを受け入れることは誰しも困難であり、その恐怖から相手を差別や偏見という目で見ることとなってしまうというのが、人間の弱さなのでしょう。このような現象はハンセン病などにも起こっていますが、同じような理由でしょうか。もちろん、その親戚が悪いという短絡的問題ではないため、かつその考え（差別や偏見）が当然のことと捉えられてしまう〝戦争〟が諸悪の根源でしょう。そのことが身体的苦痛以上に、何十倍も何百倍も被爆者を傷つけ、苦しめてきたのではないでしょうか。

また被ばくは世代を超え、（被爆者2世・3世として）影響が与えられてしまう可能性もあります。同じ危惧が福島における原発事故で生じています。現在、原爆の被爆者3世に対する救済措置は一切無いですが、それと同じく福島の原発事故における被爆者3世が将来的に生まれ、今後被爆が起因する疾患が生じたとしても、〝原発事故とかかわりの無いもの〟と認識されて救済もされないことでしょう。

被爆70年の夏、祖母の入所している恵の丘長崎原爆ホームに安倍首相が来園する予定でしたが、塩崎厚生労働相のみが来園となったそうです。その時に、祖母は首相が来園しないこと自体が原爆被爆者の体験を蔑ろにしているように感じ、とても残念に思ったと話していました。そして、入所者の代表として「国民の大多数の反対にもかかわらず新安保法案で集団的自衛権の行使へ踏み出され戦前状態にもどった感じを受ける」と挨拶し、「たゆまない国民の努力によって築きあげたこの平和な日本を二度と壊されたくない。

平和主義を貫いてほしい」と訴えました。

＊祖母は実名（松﨑登美子）での公表を了承してくれています。

＊野口さやかさんは、佛教大学大学院生（通信教育課程）です。

第5章
戦争が現実味を帯びてきた
【座談会】

第1回原爆展を開催した卒業生が久しぶりに集まって座談会を開きました。卒業して10年、子連れで参加した人もいました。学生時代の被爆の継承活動、現在の平和への思いを語り合いました（２０１５年12月20日収録）。◎司会　○参加者。

◎学生時代とそれから10年経った今、「平和」や「戦争」について考えた時に、大きく変わったことって何かある？

○学生時代との違いは、出産したこと。それはやっぱり大きくて、私は戦時中のことを思う時に、息子を兵士として送り出した母親の気持ちの方を考えるようになったな。母親の気持ちを想像した時は、ちょっと胸の痛み方が半端じゃなかった。当時、本当に、子どもに「お国のために頑張ってこい」と思っていた人なんていなかっただろうと思う。思っていた人がいたら、それは本当に軍国主義の中でそう思わされていたんやろうなぁと。戦争は本当に二度としたらダメだということを、子どものことを考えて伝えないといけないと思うね。

○うんうん。夏の終戦記念日になったら、戦争に関わるドラマが増えるやん。同じドラマや映画でも、出産する前とした後で、見方が違うよね。子どもを産んで、授乳をしている時に、防空壕で赤ちゃんを泣かないようにしていたお母さんの気持ちとかを思うと、つらくて涙が出そうになる。そんなことを出産してからより実感できるようになった。

○安保関連法に反対するママさんたちの、「誰の子どもも殺させない」という、スローガンはすごいよね。世界中の人の子どもを殺させないということ。敵となる人にも子どもがいるわけやし、あのスローガンはすばらしいと思う。

○在学中に考えていた平和の問題と、10年経った今、特に今年（2015年）は、危機的な社会状況で、何か変わってきた感じがする。安保関連法案が通る前にいろんな反対運動に参加してたお母さんが、中学生の子どもと話をして、クリスマスにサンタさんに何をもらいたいか、親としてはリサーチと思ってそんな話題を振ったんやって。毎年、ぬいぐるみとかの希望が多かったのが、「今年はもうぬいぐるみはいらん」って言ったらしい。「なんで」って聞いたら、「もし戦争になったらそんなにたくさん持って逃げられへんし」と。「もし戦争が起こったら」の「もし」がこれだけ子どもたちの中でも身近になっているんやなってことがなんかショックやったわ。

○そうやって子どもが敏感になるのは、家庭や環境によって、すごく差があるんやろうな。平和や戦争の問題に関心のある親のところで育っている子と、そういう話を家で全然しない子の意識の差がすごく広がっているんじゃないかな。アニメやゲームでも敵を殺すようなやつよくあるけど、子どもにはあまりやってほしくないなぁって思う。

◎そうですね、母になったのは意識が大きく変わるきっかけになるね。今度は少し視点を変えて。卒業して仕事をするようになって何か思うことはある？

○私は高齢者のデイサービスで働いていて、７年前に、学生時代にゼミで製作した「ようすけ君の夢」*の朗読劇をしたよ。戦争体験のある利用者さんが参加しての朗読劇で、佛大生にも来てもらって、一緒に実演した。それから毎年それぞれ利用者さんの戦争体験、戦時中の自分のエピソードや気持ちを話してもらって、それを文章にまとめて、夏に子ども達を招いて発表してるよ。以前は、兵隊として行ったとか実際の戦争の体験がたくさん聞けたけど、今は少なくなってきて、「あの頃は子どももやったし、ようわからんわ」や「別に大丈夫でした」など、本当に経験した人達の声がすごく減っているというのを実感する。だから今のうちに聞ける人から聞ける話を大事にしたいな。

＊「ようすけ君の夢　～平和への想いをこめて被爆者と学生たちがつくった絵本～」（２０１８年クリエイツかもがわから）は、長崎で1歳半の時に被爆した眞柳タケ子さんの体験を元に佛教大学生が作成した絵本。

○学生時代には、戦争体験者が高齢化しているという、ある程度の危機感というか切迫感みたいなものがあって、平和のために戦争のことを残そうという気持ちが大きかったけど、今は戦争を防がないといけない気持ちに変わってきた。感覚として遠いところにあった戦争が現実味を持って迫ってきた感じがする。

○私は医療の場で働いていて、私たちは何のために医療を担っているかといったら、健康や生命を守るため。でも戦争が起こって、医療の現場からも医師や看護師が駆り出されたら、結局それは戦地へ行って負傷した人をまた戦地に送るために治療することになる。そんなことのために医療をやっているんじゃない。命のために仕事をしていたのが、命を奪ったり、そこに行った人は死ぬ可能性もあって、そんなことのために仕事をすることも起こりうると思うと複雑な気持ちになる。

◎戦争と福祉は正反対やね。結婚した人は、夫婦間で戦争や平和に関して話題が出たりする？

○ニュースを見ていて、夫婦で「もし、戦争になったらどうする」みたいな話をすることは結構ある。本当に兵役に招集されたら、そういう時代になったらどうするって。もし、本当に国から全員、軍事教育を受けるようにと命令が来たら、それが自分の子どもだったらどうする、という話をしてる。

○うちの家では、安保関連法の問題で、日本の兵士が死ぬか、アメリカの兵士が死ぬかどっちかの問題だという話になったことがあった。アメリカの兵士が死んでもいいのかと言われたら、そうじゃないやん。でも日本が加担することがいいことじゃないし、参戦するのはもちろんよくない。その時私は「絶対、この法案がほんまにあかんねん」と言えるだけの知識は持ってないなて思ったん。もっと勉強しなあかんなって。そのためには反対してる人の意見と賛成してる人の意見、どちらもきちんと知らないとあかんなって。私は学生時代に被爆者の支援活動もやってきたし、おじいちゃん、おばあちゃんの戦争の経験を聞いてきて育ってきたけど、そんな環境が全くないところで育ってくると、「戦争が起こっても仕方ないやん」って考えにもなりかねないないなって思う。

○そもそももちろん、どこの国にも戦争なんかしてほしくない。原爆もどこの国にも落ちたらあかんし、使わせたらあかん。

○私の夫は、仕事で福島の原発に行ってた。原発事故後、報道が減ったこともあって、実際に現場に行っている人、住んでいる人でないと分からないことって、いっぱいあると思った。私は、福島の事故が起こった時に、まさか自分の家族が現地で仕事をして、線量を浴びるかもしれないなんて考えもしなかった。同じように、テレビで安保関連法案がどうのと言っているときに、自分にこうやって影響が出てくるだろうと想像できる人ってあまりいないと思うな。

◎若い人にそんな目にあう働き方をさせておいて、原発をまた再稼働ということになりそうで、矛盾しているね。だからそういうリスクのところは抑えて、原発は大丈夫だといってるんだろうね。

○会社には、原発に関わる仕事をする目的で入っているわけじゃない。仕事の一つとして行かされているだけで、というか実際、本人は原発は反対という意見を持っているけれど、仕事として仕方ないから行っている。福島の原発では、一人が浴びられる線量が決まっているから、作業する人も人数がいるみたい。下請けの業者さんの中には、線量を浴びると手当が付くから、お金に困っている人はすすんで来てくれる。その仕事を選んでいるのはその人たちかもしれないけれど、健康を売ってお金をもらうような仕事があるのって、どうなのだろうと疑問やわ。
○それはどころか「経済的徴兵」につながるところがあるよね。これだけ経済格差があるから、自衛隊とかが大学に行く奨学金を出しますとか言い始めたら、仕事がなかったり、非正規だったら行かざるを得ない人が増えるのではないかという危機感がある。
◎除染作業のこと、若い労働者が身体的にも精神的にも多大な負担をして原発の作業をしているということは知られていないね。作業員の人のことはほとんどメディアには出てこないね。現在もこんな状態で、健康状態は深刻ですね。これでは被爆者のことが隠されてきたのと、原発事故も同じだと思う。
○話を聞いていて思ったんやけど、民間の会社にいて、例えば大きな運送会社なんかで働らいてたら、いつ突然戦争に関わることになるかもしれないな、と。法律で決まる怖さというのは、赤紙を拒否できなかったように、民間の仕事でも国の命令の中に入ってきたら拒否できないということやん。原発に行くということも、仕事で行かざるを得ない。そういう法律で決まる怖さ、なにかそれがすごく怖いなと思う。
○安保関連法案が通った時も、あんなに大勢の国民が反対しているのに、あんなに短い期間で決まるって、強行できることがびっくりした。
○独裁みたいな感じやったな。なんか始まった時に、巻き込まれるといったらおかしいけど、強制的に仕事でつながるというか、違う分野のところにつながる怖さがあるよね。
○そこまでなかなか想像できないし、そんな身近に迫っていることだということをわかっていない気がするね。
◎もし、いま戦争が起こったらって考えたらどうですか。
○さっきの経済的徴兵制でいったら、たぶんそんなに遠い世界の話じゃなくて、戦争が起こったら、周りの友だちが本当に行ってしまったみたいなことが起こりうるよね。
○安保関連法が突然自分と関わってくるということやね。普通の会社に勤めていても、ある日突然、国の軍事産業に関わることになり得る。
○夫が働いている部署は自動車の配管の部品を設計したりしてるんやけど、国から、こんなものを作ってくれと言われたら、すぐ直結しそうな仕事のように思う。武器づくりに関わるようなことになるのではないかと。そうなったら家庭にも影響が出てくよね。しかもそれを家で言えない、秘密にしないといけないとか、いろいろ想像してしまう。
○修理で技術者が行けとか。設計できるんやから行けとか、自分は行きたくないけれど、せざるを得ない状況が出てくるということですよね。秘密保護法が通ったから、秘密に関わることに指定されてしまったら、家族にも言えない。言うと罰せられる恐ろしい法律が通っているよね。着々と何かが準備されているね。
◎来年度、社会保障費の予算削減分が３９００億円ですよね。アメリカでよく墜落しているオスプレイを日本が購入する費用が３６００億円と聞いて、社会福祉の立場からいったいどういうことかと大きな疑問が湧きますよね。世界中にある核兵器だって、１万数千発、今すぐにでも発射できるようになってるらしいですね。このような時代になって、いま改めて思うことはある?
○今って、本当にコンピューターのボタンひとつで人が殺せてしまう。だから、やってる側も痛みが感じにくいし、こちら側もリアルに伝達されなかったらその痛みが想像できないよな。私は前に辺野古に行ってきたんやけど、やっぱり現場に行って実感できることがあった。そういう、具体的な事実や戦争の傷跡を実感することがすごく大事やなって改めて思ったよ。

○毎年、デイサービスの職場で、原爆のことを子どもたちに伝えていく大切さを思う。私の感覚としては、まだ「忘れたらあかん」という感覚やった。けど、今、「忘れたらあかん」が「防がなあかん」というみんなの話を聞いて、あぁそうなんや、と。原爆や被爆者のことを忘れたらあかんという気持ちはあったけど、私はみんなよりちょっと危機感は少なかったなと思う。

○私も、今日は話し合って深まったと思う。私としては、もう1回戻ったというか、やっぱりだから原爆展をやる必要があるということを再認識した。学生時代は、「忘れたらあかん」だったけど、過去を振り返るということは意味があって、未来につながることやな、と思う。

○冊子の発行をきっかけにこうやって久しぶりみんなと集まれて、うれしかったな。いまはみんなそれぞれの場所でそれぞれの生活を送っているけど、こうやって学生の時の平和の活動を通してつながった仲間と、今もつながっていられることがうれしいな。

◎今日は集まって、本当によかったですね。

＊参加者は全員女性でした。学生時代の原爆展や原爆の継承活動を思い出しながら話しました。また、母親の立場から、安全で平和な社会で子どもを健やかに育てたい思いが語られました。自分の子どもだけでなく、世界中の子どもたちのために核兵器の廃絶、原発問題や安保関連法など、多岐にわたる話し合いとなりました。あらためて原爆展の継続の重要性が認識されたと思います。

参加者　浦ひろ子、北村千恵、鈴木安寿佳、福井洋子、宮田友美

司　会　黒岩晴子

第6章

絵本と詩で伝える平和

1．チョンちゃんはいうときたいんよ

証言：榎郷子

2．ほんとうはね！

～ネコが話してくれた原爆のこと～

証言：吉本トミエ

3．詩集　よつばのクローバー

作：川下ヒロエ

絵本は11歳の時、広島で被爆した榎郷子さんと胎内被爆した吉本トミエさんの体験をもとに学生が制作しました。詩集は胎内被爆した川下ヒロエさんの詩に学生が思いを添えました。

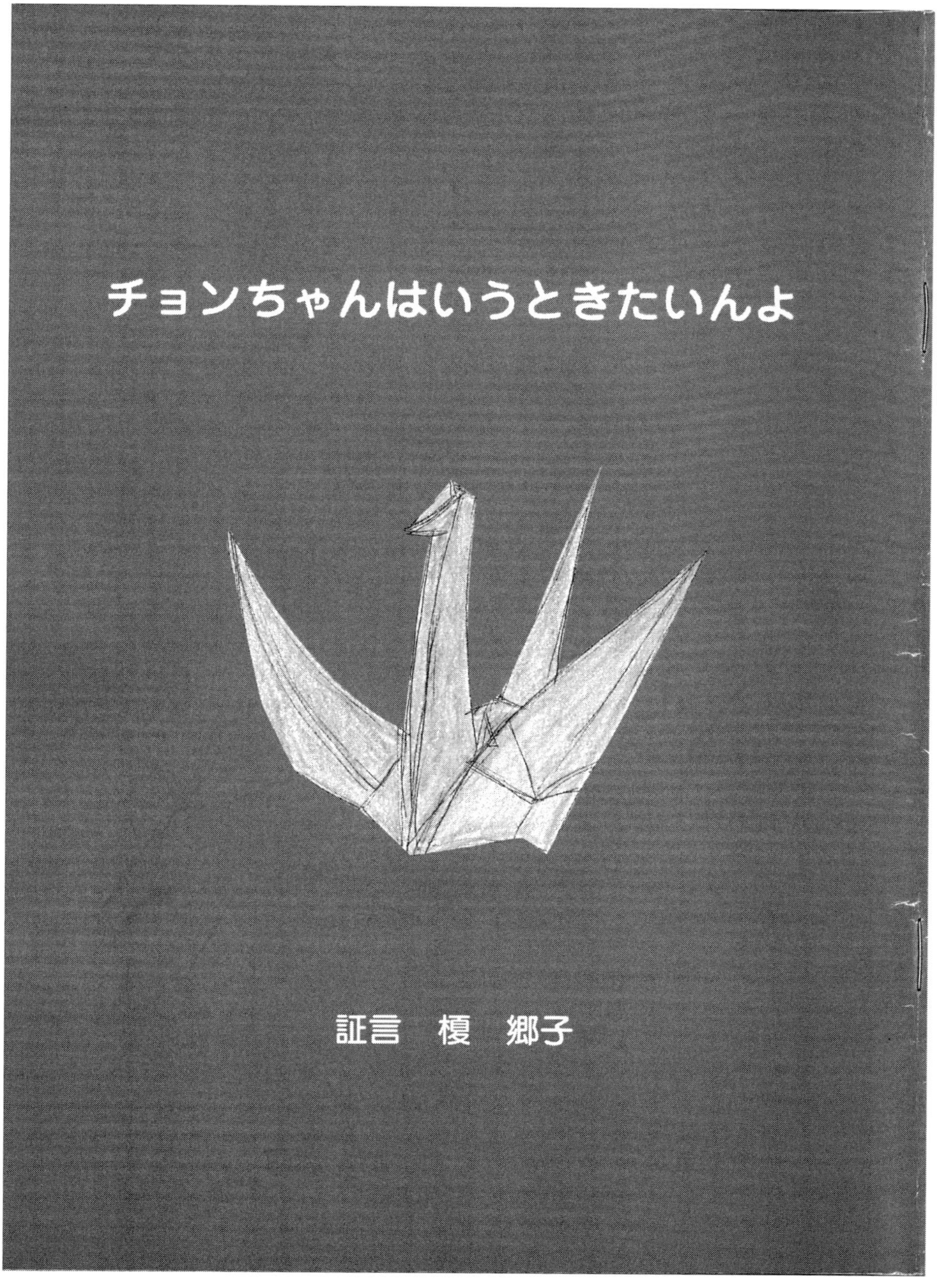
チョンちゃんはいうときたいんよ
証言　榎　郷子

チョンちゃんはいうときたいんよ

今から六十六年前、日本はアメリカや他の国と戦争をしていました。

戦争中は、生活がとても貧しく食べる物が少なかったので、配給制《はいきゅうせい》＊でした。子どもたちは夏休みの間も休みがなく、国民学校《こくみんがっこう》＊の校庭で野菜を作り、自分の身を守るために竹やりの訓練《くんれん》もしていました。

私は三姉妹《さんしまい》の末っ子で、中でも一番お父ちゃん子で「チョンちゃん」と呼ばれてかわいがられていました。私の通っていた国民学校は橋を何本も渡らなければ通えない場所にありました。

八月六日、青年学校＊の校長先生をしていたお父ちゃんは休みでした。そのことを知って、お父ちゃん子だった私は、一緒にいたいと言って、だだをこねました。

「うち、今日は学校休みたい。おとうちゃんとおりたい」

「ほうじゃのう。今日は学校休んでおとうちゃんと一緒におろう」とお父ちゃんは言って

2

くれました。女学生だったお姉ちゃんたちは、玄関から少し顔を出して元気よく「いってかえります」* と出かけました。お母ちゃんが「いってかえり」と見送りました。

*1945年〜1951年、国の政策で小学校から国民学校と名前が変えられた。子どもでも、小国民と呼ばれて、お国のために大人に負けずに頑張ることが求められた。

*「配給制」とは、米などの食料を国から配られる制度。

*「いってかえります」とは広島弁で、「いってきます」と「いってらっしゃい」の両方の意味がある。

戦争中は、子どもは学校で勉強することができなくて、一番上のお姉ちゃんは、戦争で使う飛行機を作る工場へ行き、二番目のお姉ちゃんは、建物疎開《たてものそかい》＊の後片付けに行きました。

お姉ちゃんたちが、家を出てからしばらくたち、わたしとお父ちゃんはお人形ごっこをしていました。

「兵隊さん、お国のためにがんばってください」

「ばんざーい」

4

「いってかえります」

その時、一瞬閃光《せんこう》が稲妻《いなずま》のように壁をつたったかと思うと、あっというまに、夜のように真っ暗になりました。

『ピカッ　ドカーン』

大きな爆風が吹き。『バリバリバリ、ガッシャーン』

＊建物疎開《たてものそかい》とは、空襲《くうしゅう》などで住宅火災が発生し重要な施設への延焼《えんしょう》をふせぐために建物を壊すことで強制的に行われた。

6

「ギャー」

わたしは、うちん家《ち》に爆弾《ばくだん》が落ちたと思ったのです。

すると、近所からも「うちに爆弾が直撃《ちょくげき》したけー」と声が聞こえてきました。

「はよ」

と、お母ちゃんが、とっさにわたしの手をつかみ、玄関へ走りました。

「おかあちゃん」

でも、混乱の中で、手が離れてしまったのです。

「おかちゃぁーん」

お母ちゃんはそのまま玄関へ、私は階段の下に取り残されてしまいました。

お母ちゃんは全身に爆風《ばくふう》を受け、頭から足先まで数十カ所に割れたガラスが突き刺さっていました。

わたしは、階段の下にいたので奇跡的《きせきてき》にケガをせずにすみました。何が何だかわからない中で、わたしたちはやっと庭にはい出し家から脱出《だっしゅつ》しました。

8

目の前には壊《こわ》れた家がいっぱいあって、逃げようとすると隣の家から、

「助けてくださーい。力を貸してください」

という声が聞こえてきました。

かけつけると、隣のおばさんと子どもが家の下敷きになっていたのです。

近所の人やお父ちゃんが必死で助けようとしましたが、なかなか助け出せませんでした。

すぐに、あちこちで火の手があがり、わたしの胸《むね》の高さまで炎がせまってきました。

火の手がせまってきたので、わたしたちはおばさんたちをおいて逃げました。

お母ちゃんはケガがひどくて歩けなくなってきました。ふと、見ると、道に腰を抜かしたおじいさんが乳母車を持って座っていたのです。

「悪いのう、おかあちゃんがもう歩けんけ、この乳母車貸してくれんかいね」

とお父ちゃんが頼みこみました。

「持っていきんさい」

とおじいさんは言ってくれました。

お父ちゃんはお母ちゃんを乳母車に乗せて、走り出しました。

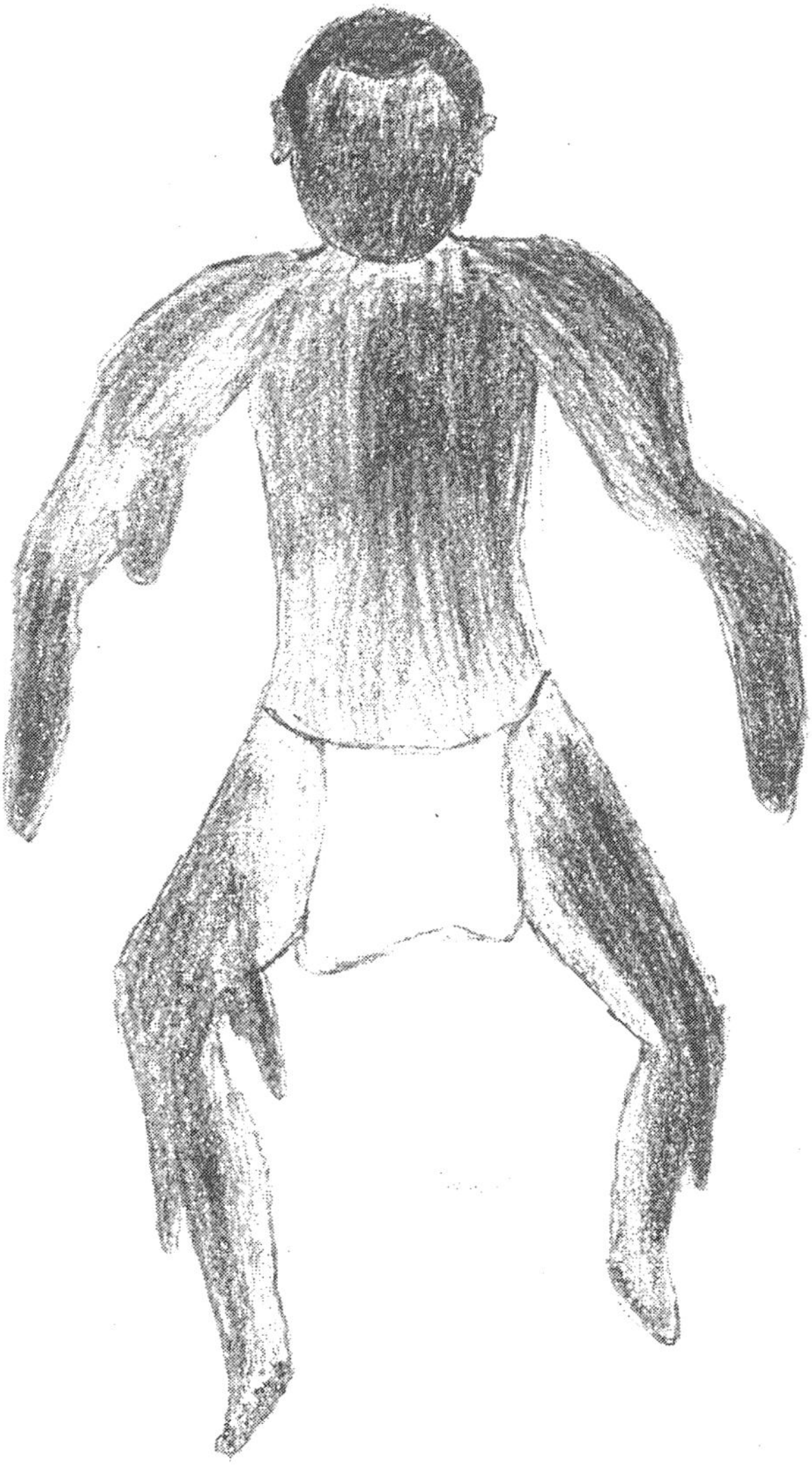

12

逃げる途中で、全身にやけどをした人や皮膚《ひふ》が垂《た》れ下がった人にたくさん出会いました。

わたしたちは必死で、動けなくなって倒れた人をふみこえて逃げ続けたのです。

その時は他の人のことを考えられませんでした。

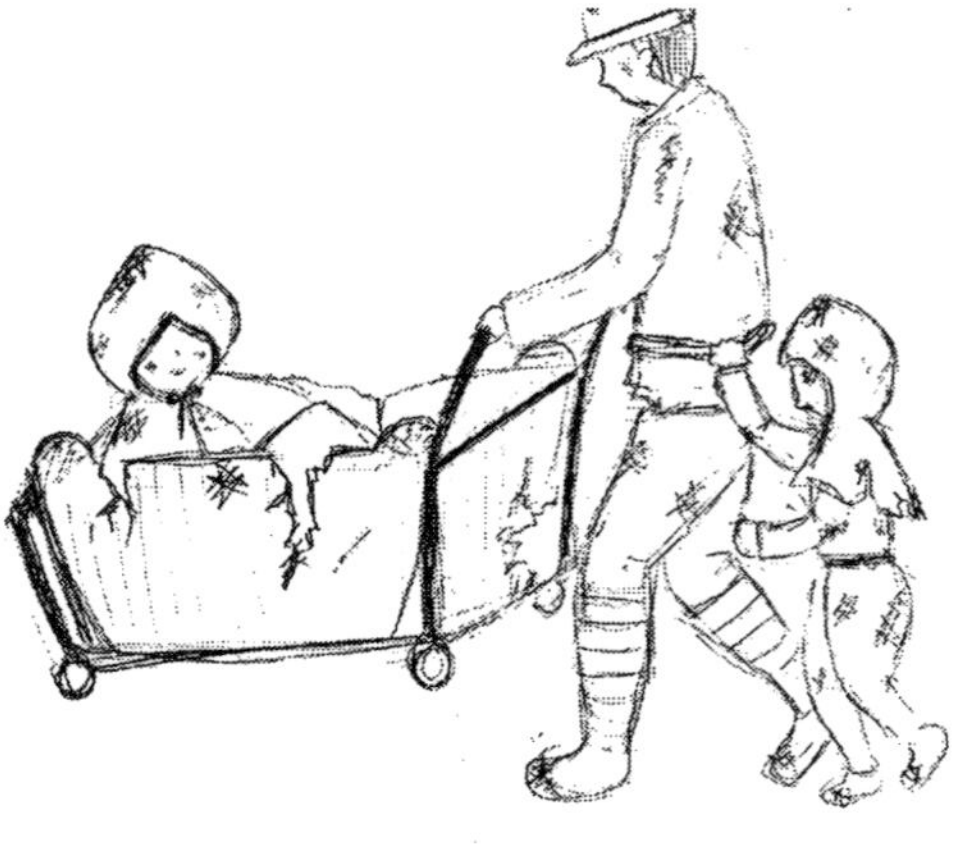

自分たちが生きることで必死だったのです。

やっと橋に着いたのですが、橋が燃えはじめていたので渡れません。

おとうちゃんが

「おかあちゃんの乳母車を押して走って渡ってみるけえの、チョンちゃんまで連れて行くの危《あぶ》ないけえ、あんた一人で川を渡りんさい」と言って、わたしだけ川におろされました。

川は水が私の胸まであり、流れも速かったので、進みたくても怖《こわ》くて歩けません。すると、

近所の八百屋のおじちゃんが

14

「おじょうちゃん、ここを持ちんさい」と言って、ベルトを持たせてくれました。おじちゃんについて渡っていると、火傷《やけど》があつくて川に飛び込んだたくさんの人が流れてきました。その人たちをかき分けながら進み、やっと川を渡ることが出来ました。

16

お父ちゃんは、お母ちゃんを乗せて、必死で火の中を突き抜け、無事に橋を渡りきりました。

その後、わたしたちは、町からはなれた親戚《しんせき》の家にたどり着くことができました。

親戚《しんせき》の家がある町には、わたしのように逃げてきた人たちがいっぱいいたのですが、中には顔にものさしが突きささってるようなひどいケガの人も、自分で歩いて逃げてきていました。

しばらくすると、

「お腹すいてませんか」と言いながら、国防婦人会《こくぼうふじんかい》＊のおばちゃんたちが真っ白なおにぎりを配ってくれました。久しぶりにお米を食べたので、とってもおいしかったことを覚えています。

次の日から何日もお姉ちゃんを探しに行ったけど、名札のついた上衣《うわぎ》しか見つかりませんでした。そのとき兵隊さんが川のそばに穴を掘り、死んでいる人たちをどんどん燃やしているのです。それを見て、お母ちゃんに話すと「おねえちゃんは配給でもろうたみかんを食べたがっとったんよねぇ」

大怪我《おおけが》をして寝ていたお母ちゃんが辛《つら》そうに言って泣きました。

18

わたしの通ってた中島国民学校＊が爆心地だったため、学校に行っていた友達はほとんど助からなかったと聞いています。わたしは学校から離れた家に住んでいて、たまたま休んだから、ケガをすることもなかったのです。だから、あの時、友達がどうなったのか、どうしているのかわからないのです。

＊戦争中に国の命令で作られた地域の女性の会でボランティア活動をしていた。

＊中島国民学校は爆心地から０・５キロメートル、今の平和公園の場所にあった。

原爆の被害者はいろいろな病気にかかる人がいますが、チョンちゃんは大きな病気にならず、今も元気に暮らしています。でも、時々、11歳で死んでしまった友達の残念な気持ちを思うと自分が傷つかず生き残ったことを良かったのかなぁと思う時があるそうです。戦争は勝った国の人も負けた国の人も、多くの人が死んでしまいます。それだけでなく、生き残った人にも、自分は生き残って良かったのかと思わせてしまうのです。

戦争は、何一つ良い事はありません。二度と起こしてはならないことです。

今、チョンちゃんは子どもや孫に囲まれて幸せに暮らしています。そして、若い人が戦争に参加して欲しくないと、戦争や原爆の怖さを伝える活動を続けています。

・・

この絵本をつくった人たち

語り　榎　郷子

文と絵　佛教大学社会福祉学部2011年度黒岩ゼミ

東　真己子
一ノ瀬　友典
伊藤　僚
大木　裕理
岡田　小春
垣田　菜摘
末原　和弥
杉山　千尋
高野　伶美
古川　里恵
星谷　暢平
松田　千佳
森田　この実
吉岡　由賀

20

この絵本を読んでくださる方へ

この絵本は社会福祉を学ぶ学生が制作しました。絵本の主人公である「チョンちゃん」は 11 歳の時、広島で被爆した榎郷子さんです。学生たちは榎さんの体験を聴き、原爆投下の事実とその体験を子どもたちに伝えたいと考えました。未来を生きる子どもたちに戦争や平和について考えてほしいと願ったからです。ゼミで話し合いを重ね、子どもたちに理解しやすい絵本で伝えることにしました。しかし、体験したことがない被爆の状況を絵にするのはとても難しいことでした。幸い、京都原水爆被災者懇談会の紹介で寺山忠好さんのご遺族の了解をいただき、寺山さんの遺された絵を使わせていただくことができました。被爆による火傷で皮膚が垂れ下がった人がこちらを向いて歩いてくる姿です。(12 ﾍﾟｰｼﾞ) 原爆絵本『こぎゃんことがあってよかとか』—1945・8・9 ナガサキのあの時— (2005 年 8 月 9 日 : ｳｲﾝかもがわ) に描かれた絵です。寺山さんは 15 歳の時、長崎で被爆しました。原爆による病気を原爆症として認定せよと求める裁判の原告としても闘ってきました。裁判の資料としてこの絵本を提出した時は、あまりの衝撃に法廷は静まりかえったそうです。残念なことに寺山さんは病気が悪化し、裁判の結果を聞くことなく、2007 年に亡くなりました。

榎さんは京都原爆被災者の会で被爆の語り部として活動しています。同じ被災者の会には友人の眞柳タケ子さんがいます。真柳さんは 2008 年に本学部の学生たちが制作した絵本『ようすけ君の夢』(ｸﾘｴｲﾂかもがわ) のモデルです。真柳さんは 1 歳半の時に長崎で被爆しました。お母さんから聞いた被爆体験や被爆後の自分の人生を語っています。しかし、被爆時の記憶はありませんので、当時の状況を話す時は寺山さんの絵本を見せながら話しています。

榎さんの絵本に寺山さんの絵を添えたことで、広島だけでなく長崎で亡くなられた方々の無念の想いを込めることが出来ました。表紙の鶴の絵を見た榎さんは「会えなかったクラスメートに捧げる気持ちにふさわしいと思います」と感想を寄せてくださいました。裏表紙の缶詰のミカンの絵は、ミカンを食べたいと言って、その願いがかなわなかった榎さんのお姉さんの「睦ちゃん」に捧げたいと思います。

この度、学生たちの絵本制作にご協力いただきましたみなさまに深く感謝を申し上げます。　また、ご多忙な中、絵本の印刷と製本を引き受けていただいた京都ライトハウス ＦＳトモニーのみなさまに御礼を申し上げます。

2012 年 3 月

佛教大学社会福祉学部　　黒岩　晴子

印　刷　社会福祉法人京都ライトハウス　ＦＳトモニー
〒603-8302　京都市北区紫野花ノ坊町 11
発　行　2012 年 3 月 14 日

ほんとうはね！

～ネコが話してくれた原爆のこと～

証言　吉本トミエ

ほんとうはね！

八月五日の夜《よる》、いつもうるさく聞《き》こえる外《そと》の音《おと》も今日《きょう》はシンとしています。

明日《あした》はお母《かあ》さんのお見舞《みま》いに行《い》く日《ひ》です。

「はぁ、明日《あした》か・・・あんまり行《い》きたくないなぁ」

すると、落《お》ちこんでいるトミさんのようすを見《み》て

1

ネコのトコちゃんがトミさんのひざの上《うえ》にやってきました。

「あら、わたしの話《はなし》を聞《き》きにきてくれたの？」

「ニャア」と、トコちゃんは返事《へんじ》をしました。

「あのね・・・

2

私《わたし》にはアキちゃんっていう妹《いもうと》がいたんだけど、
小《ちい》さい時《とき》に死《し》んでしまってとても悲《かな》しかったの。
その時《とき》からお母《かあ》さんはアキちゃんの話《はなし》ばかりするようになって、本当《ほんとう》にさみしかった。
お母《かあ》さんは私《わたし》よりアキちゃんの方《ほう》が好《す》きだったんだろうなあ。
だから明日《あした》のお見舞《みま》いに行《い》きたくないの」

3

「今《いま》の私《わたし》は、病気《びょうき》で何度《なんど》も入院《にゅういん》しているよね。
なんでお母《かあ》さんはもっと丈夫《じょうぶ》な体《からだ》に生《う》んでくれなかったのかなぁ。

いつも娘《むすめ》のキヨに世話《せわ》をしてもらっているばかりで、母親《ははおや》らしい事《こと》が全然《ぜんぜん》できない。
キヨにもしたい事《こと》があるだろうに。

明日《あした》、病院《びょういん》に行くなら、キヨに連《つ》れて行《い》ってもらわないと・・・
また迷惑《めいわく》かけちゃうなぁ」

話《はなし》を聞《き》いていたトコちゃんは、何《なに》かを言《い》いたそうな顔《かお》で「ニャア」と、鳴《な》きました。

「長《なが》く話《はなし》してしまってごめんね。聞《き》いてくれてありがとう。

明日《あした》起《お》きたら、もう一度《いちど》お見舞《みま》いに行《い》くか考《かんが》えるね。

もう遅《おそ》くなっちゃったから寝《ね》ようか」

「おやすみ」

6

八月六日の朝《あさ》、トミさんは目《め》を覚《さま》しました。

「トコちゃん、おはよう。」

いつもと同《おな》じようにあいさつをしました。すると・・・

「おはよう！」

なんとトコちゃんがしゃべったのです。

「びっくりした

実《じつ》はね、今日《きょう》は百歳《ひゃくさい》の誕生日《たんじょうび》なんだ。ネコは百歳《ひゃくさい》になると話《はな》せるようになるんだよ。」

トミさんは驚《おどろ》いて、トコちゃんを見《み》つめました。

「そういえば、今日《きょう》はお母《かあ》さんのお見舞《みま》いに行《い》くんでしょう？　行《い》く前《まえ》に聞《き》いてほしいことがあるんだ」

真剣《しんけん》な顔《かお》のトコちゃんを見《み》て、トミさんは座《すわ》りなおしました。

「トミちゃんが生《う》まれた一九四五年の八月六日、広島《ひろしま》に原爆《げんばく》が落《お》とされたんだ。その時《とき》お母さんのおなかにはもうトミちゃんがいて、一緒《いっしょ》に被爆《ひばく》していたんだ。生《う》まれつき病気《びょうき》にかかりやすかったり、体《からだ》が弱《よわ》かったりするのは胎内被爆《たいないひばく》（※）をしていたからなんだ。

それは全部原爆《ぜんぶげんばく》のせいだったんだ。」

※胎内被爆者
お母さんのお腹の中にいた時に被爆した人。特に原爆小頭症患者《げんばくしょうとうしょうかんじゃ》は原爆が落とされた場所からとても近い場所で被爆し大量の放射能を浴びている。生まれた時から身体や頭が小さく、発達に障害がある人が多い。

8

じっと話《はなし》を聞《き》いていたトミさんは、気《き》づきました。

「今《いま》まで苦《くる》しいことが多《おお》かったけど、原爆《げんばく》のせいだったんだ。私《わたし》だけじゃなくてお母《かあ》さんも辛《つら》かったのかもしれない・・・」

「そのことは、直接《ちょくせつ》お母《かあ》さんに聞《き》こうよ」

トミさんはうなずき、キヨちゃんと出《で》かける準備《じゅんび》を始《はじ》めました。

しばらくして、トコちゃんはまた話《はな》し始《はじ》めました。

「そうだ。昨日《きのう》、キヨちゃんに母親《ははおや》として何《なに》もしてあげられていないと言《い》っていたけれど、トミちゃんはキヨちゃんに母親《ははおや》としての愛情《あいじょう》をいっぱい注《そそ》いできたんでしょ。だからこんなに優《やさ》しい子《こ》に育《そだ》ったんだよ」

トコちゃんの話《はなし》を聞《き》いたトミさんは、泣《な》きながらうなずきました。

「じゃあ、そろそろお見舞《みま》いに行《い》こうか」

みんなは、家《いえ》を出《で》て病院《びょういん》に向《む》かいました。

10

病院《びょういん》についたトミさんは、勇気《ゆうき》を出してドアを開けました。

「久《ひさ》しぶり、お母《かあ》さん。調子《ちょうし》はどう？」

「トミ、よく来《き》てくれたわね」

「あのね、私《わたし》って胎内被爆《たいないひばく》していたんだね。今《いま》まで、つらいのは全部《ぜんぶ》お母《かあ》さんのせいだと思《おも》っていたけど、違《ちが》ってた。お母《かあ》さんもつらかったのに、ごめんなさい。でもね、アキちゃんがいなくなってから、お母《かあ》さんはアキちゃんの話《はなし》ばかりして、私《わたし》も寂《さび》しかったんだよ」

「そうだったのね、もっと早《はや》くに話《はな》せなくてごめんね。私《わたし》も原爆《げんばく》で体中《からだじゅう》ケガをしたの。そのつらさも、子育《こそだ》てのことも、アキが死《し》んでしまった悲《かな》しさも話《はな》せる人《ひと》がいなくて、自分《じぶん》ばかりつらいと思《おも》ってたの。トミにもつらい思《おも》いをさせてごめんなさい。生《う》まれてきてくれてからずっとあなたも大切《たいせつ》な娘《むすめ》だったのに・・・」

「お母《かあ》さんは私《わたし》よりアキちゃんのことが大事《だいじ》なわけではなかったのね」

「二人《ふたり》とも大切《たいせつ》な娘《むすめ》なんだから、そんなわけないわ」

ふたりはニッコリ笑《わら》いました。

12

「キヨちゃん、着替《きが》えをしたいのだけれど、手伝《てつだ》ってもらってもいい？」

「うん、いいよ」と、キヨちゃんはうなずきました。

「ありがとう、キヨちゃんはやさしい子《こ》ね。トミ、あなたも立派《りっぱ》な母親《ははおや》になったのね。不安《ふあん》なことがあればいつでも相談《そうだん》に乗《の》るからね」

その時《とき》、お母《かあ》さんの体に原爆《げんばく》の時《とき》の傷《きず》がたくさんあるのが見《み》えました。

「もう私《わたし》たちみたいにつらい思《おも》いは誰《だれ》にもしてほしくないね」

「そうね」

「お母《かあ》さんありがとう、ちゃんと話《はな》せてよかった」

「またいつでもおいで」

「うん、元気《げんき》になってね、お母《かあ》さん」

病院《びょういん》からの帰《かえ》り道《みち》。

トミさんは、なんだかすっきりした顔をしていました。

トコちゃんは不思議《ふしぎ》に思《おも》い、トミさんに聞《き》きました。

「何《なに》かうれしいことでもあったの」

トミさんはうれしそうな顔《かお》をして、

「お母《かあ》さんと話《はなし》をして自分《じぶん》のしたいことが見《み》つかったの。私《わたし》ね、お母《かあ》さんから聞《き》いた話《はなし》や、胎内被爆《たいないひばく》のことをたくさんの人《ひと》に伝《つた》えていきたいの。原爆《げんばく》や戦争《せんそう》のない世界《せかい》をつくるためにも・・・」

14

と、トミさんは力強《ちからづよ》く言《い》いました。

トミさんは、たくさんの子《こ》どもたちの前で話《はなし》をしていました。

「みなさん、八月六日はなにがあった日《ひ》でしょうか」

「広島《ひろしま》に原爆《げんばく》が落《お》ちた日《ひ》！」

「そうですね。原爆《げんばく》でたくさんの人《ひと》が命《いのち》を落《お》としました」

真剣《しんけん》に話《はなし》を聞《き》く子《こ》どもたちに、トミさんは聞《き》きました。

「それでは、被爆《ひばく》した人《ひと》の中《なか》で、一番幼《いちばんおさな》かった人《ひと》はその時何歳《ときなんさい》だったのでしょうか？」

16

この絵本をつくった人たち

協力者　吉本トミエ・吉本清美

制作　佛教大学社会福祉学部 2014 年度黒岩ゼミ(4回生)

井上　真歩

井野辺　優香

大崎　雄也

鎌田　育子

野村　志穂

田中　藍子

堀田　昌紀

本堂　智弘

松浦　眞耶

松木　綾香

柳田　賢吾

絵本を読んでくださる方へ

この絵本に登場するトミさんのモデルは吉本トミエさんです。吉本さんはお母さんの妊娠初期に広島で被爆した原爆小頭症患者です。吉本さんは生まれた時から股関節に障害がありこれまで何十回も手術をしました。今もずっと足の痛みは続いていますが、障害を持ちながらも一生懸命生きています。現在、娘の清美さんと一緒に広島で生活しています。清美さんも、絵本の中でキミちゃんとして登場しています。ふたりの趣味は絵を描くことや手芸をすることです。またネコも大好きです。吉本さんと清美さんが描いたネコの絵は、絵本の挿絵として活用しました。またゼミ生の家族（野村紗羅さん）も絵を描いて協力してくれました。

なお絵本は吉本さんの体験をもとに、子どもたちに分かりやすいように少し内容を変えて創作しています。子どもたちが原爆や原爆小頭症患者を理解し、平和について考えてくれることを願っています。

今年は被爆 70 年、ニューヨークの国連本部で核不拡散条約（ＮＰＴ）再検討会議が開かれる年です。核兵器廃絶へ向けた歩みを少しでも前進させたいものです。

ノーモア・ヒロシマ　　ノーモア・ナガサキ　　ノーモア・ヒバクシャ

2015 年 3 月

佛教大学社会福祉学部　黒岩晴子

印刷
社会福祉法人京都ライトハウス　ＦＳトモニー
〒 603-8302　　京都市北区紫野花ノ坊町 11

発行
2015 年 3 月 14 日

絵　吉本　清美

詩集

よつばのクローバー

川下ヒロエ

クローバーがいっぱいあるのに
四ツバが見つからない
どうしてかな、わからない
どうしよう、こまったな
四ツバがないのかな
花が、白、ピンクの花が咲くのに
なぜ四ツバが見つからない
四ツバが見つかると
ネガイがかなうといいのに
四ツバのクローバー

※私も子どもの頃、四つ葉のクローバーを夢中になって
探していたなと懐かしくなりました。
川下さんが夢中で四つ葉のクローバーを探している姿
が浮かびました。

1

朝ごはんたべてまどの外を見たら
雨だった
きのうまではお天気だったのに
今日は雨
その雨はほうしゃのうの雨もふるよネ
センソウはいやだよネ
雨がきれいな雨だったらいいネ
雨も上がり
今日は天気になった

※雨から放射能を含んだ黒い雨を連想するというのは、ヒバクシャの心の傷が癒えていないことのあらわれだと感じました。

2

三月にふる雪は
なごり雪
また冬のもどり雪
春はもうそこにきているのに
まださむい雪がふる
なごり雪
もどり雪
春は梅の花が咲き
さくらの花も咲き
ウグイスもなく
三月はまださむい

3

冬だから雪がふる
冬のもどり雪
さむい冬から
春がくるの
梅の花が咲き
ももの花が咲いた
もう春だね

※桜や梅の開花や、ウグイスの鳴く様子を反復して表現することで、春の訪れを今か今かと待ち望んでいるように感じました。
※全体的に季節を感じる詩や花の詩が多くて自然をよく見て感じられているのだと思いました。
※特にこの詩は三月なのに雪が降ってくる場面では、春をまっている感じが伝わって好きでした。

4

バレンタイン
うまれて、はじめて
バレンタインの日
チョコレートを
先生に贈り物をした。
先生ありがとう
先生バレンタインです
たべて下さい

さっそく　先生が
ふたをあけて、
チョコレートを
口に入れて、小さくて、おいしい
と、いって下さいました。
私は、うれしかったです。

※バレンタインの日のよろこび。
はじめてプレゼントして
よろこんでもらったうれしさが
あふれています。

川土手で、すみれの花
を見つけた。
かわいいむらさきの花。
おしばなにした。
でもおしばなには、
まだしていない
やって見たいとおもう

※いつも道端の小さな花に目を向けて
散歩してるんだなとおもいます。

6

さくらの木の下で
あの人がいる
までどもまでども
あの人はこない
やくそくしたのに
わすれられた
小犬みたいに
一人でないたよ
さくらの木の下で
こどもみたいに
いまでもまつのよ
あなたがくるのを
まっている
さくらの下で

こどもみたいに
むじゃきになるのよ
こどもみたいね
あなた
さくらばやしに
たいこにふえ
みんなおどりだす
まつりにや
にぎやかに
おまつりを
見にゆく
おまつりずきの
人だから

※なんだか切ない気持ちが素直な文章でかかれていて、
こっちまでなんだかふわっと切ない気持ちになりました。

8

とけ合う水の流れに
川の流れに
みをまかせて流れゆく
大きなたいぼくが流れてゆく
だれにもわからない
ゆくきみは時の流れにみをまかせて
たいぼくが流れてゆく川を
ながれてゆく
どこまでも

※川の水の流れに時の流れを重ねていて、水の流れも時の流れも止まらないもの、
時間ってかけがえのないものだなと、改めて感じました。
※人生みたい。

ビルまどに　緑のカーテン
がすずしそう　だった
アサガオが　きれいだった
緑の中でひときわ
めだって　きれいだった
毎日見てもあきない

※爽やかな光景がすぐに思い浮かぶような作品でした。
色合いが分かりやすく、鮮やかな光景も浮かびました。
５・６月の梅雨の頃で、日々の一場面を切り取ったような詩で
大変よかったです。

もくもくと
黒い雲が山の上から
おりてくるよ
雨はふらないだろうから
それでも【傘】をもっていく
雨もそれでやむだろうに
【傘】はおまじないだよね
雨もいまにふりそうだしそうな曇り空に

雨もようカエルなきだす
曇り空に
雨がふる
黒い雲が
今にもふりだしそうな
空もようを
カエルもなきだす
ケロ　ケロ　ケロ

※【傘】マークが独特だなあ・・・

朝早く　外に出て
川を見れば
一セキの船が
人がのっている
シジミをとっている
時おりあゆみをとめては
川を見ては　また
あるいている人を見る
犬をつれてあるく人
または、はしる人
川土手をあるけば

川風がきもちいい
朝のさんぽがてらに
母をつれてあるきたい
ほんとうにつれてあるきたい
しんこうばしの
京ばし川
橋の下で
魚がスクスク
およいでる

※母をつれて歩きたいというのが
心から歩きたいのだなと思いました。

14

アジサイの花

雨上がりの花
アジサイ花
青、むらさき
雨上がりの七色の
にじにかがやく
七色のにじ
とても　きれいだ
雨上がりのアジサイの花
花がきれいだ
アサガオの花

赤、むらさき、ピンク、白
ツユ空の雨
時にはやさしく
ふりつづける雨
時おりはげしくふる雨は
父のよう
やさしくふる雨は
母のよう
さびしくふる雨は
ものかなしい雨
さびしいときのながれを
あらいながす雨

※激しい雨が父のようだったり、やさしい雨が母のようだったり、普段のなにげない雨でも様々なものがあるなと思いました。
※今度、雨がふっているときに、この雨はどんな雨かなと考えてみようと思いました。

紅葉は
きれいだろうな
母と二人でいってみたい
色とりどりの
花、紅葉が
きれいだろうな
山々の間から
みえる紅葉が
きれいだろうな
車のまどから
けしきがかわる

母と二人でいってみたい
思いでに
母と二人でいってみたい
みずうみに
うかぶ月の光が
まぶしいな
涙が一しづく
月
まどにちかづいて
夜の星を見る

※母と二人でいってみたいという思いが印象に残りました。
※紅葉を想像してきれいだろうなといきたい気持ちが感じられました。

神田山荘にて
今日は、おべんとうに
もみじの葉が
はいっていた
それをおしばにした。
みどり、赤と
2枚はいっていた

もう、こうようの
じきなのだと
いうかんじがする

※これから、秋がはじまるっていうのをもみじの世界という言葉で表わしていてよかったです。もみじも2枚はってあって秋らしさをより感じました。

お田川の土手に
みつけた花　とっても
かわいい　花をみつけたの
小さな花をつけた
かわいい花
大田川では　もう
アユづりの人が
アユをつっていた
はぎの花　なぜか
このじきに咲くの

※同じ言葉を繰り返しながら季節のものをいろいろ
挙げているのがいいなと思いました。

今日は神田山荘で
私が水中運をするのにエレベーターで
下におりて、見たら
皆が見られる
ようにセンメン台の上に
かびんにいけてある
それは、白いヒガン花
今日みた、こんどは
きいろいヒガン花
きせつごとに咲く花

※みんなが見られるような心配りに気づいた
川下さんのやさしさがをあふれています。

インフルエンザ
イタイ　イタイ
インフルエンザ
皆はしたし　私もした
これで　また、この一年
すごせる

さむい冬もすごせる
そうすると、雪が
ふりだす
まっしろな雪　でも
ほうしゃのうは、だいじょうぶかな
米は、水は

※健康に留意してお元気で詩をつくって下さい。

22

太田川の川土手を
歩くと、とんぼが
とんでいる、もう秋
秋のけはいを
かんじる
はぎの花も咲き
神田山では
くずば　かずらの花も
咲きはじめた

はぎの花
みつばちが
とびかう

※季節をうまく表現されていて良かったです。

ヒガン花が　川土手に咲く花
真っ赤な花
それは　ヒガン花
草むらの中で
ところどころで
ヒガン花が咲いている
はぎの花によくにた花が
咲いている
うすむらさきの花が
咲いている

※彼岸花の咲いている風景が
　頭の中にスッと浮かんできました。
※秋の雰囲気とお墓参りを
　連想しやすい良い詩だと感じました。

ゆず

ゆず　お前は
どうしてそんなに
大きいの　ヒリョウが
よかったのか　グングン
大きくなった
みせさきに　ならぶ

大小のゆず
おかしやさんの
ショウウィンドに
ならぶ　人が
それを　見て
まあ　大きな
ゆずと　大きな
こえを　あげる

※普通に過ごしていても特に気にとめないような「ゆず」に対しての思いを詩に表わしていて面白いと思いました。
※私は「ゆず」が好きなのでこういう詩に出会えて嬉しかったです。

26

ともの浦にのこる町
むかしのおもかげがのこる町
ともの浦　この町
このままのこしたい
どこかなつかしい町
こころがやすらぐ町
ふるさと　かえったような町

なつかしい町
このままでいてほしい
ともの浦の町
どこかなつかしい町
このまちがなつかしい

このままのこってほしい
心がなごむなつかしい町
むかしにもどる
タイムスリップしたような町
このままこの町にのこってほしい
ともの浦　ともの浦
この町に
このままのこってほしいな
むかしの町がのこる町　ともの浦
むかしのおもかげがのこる町
このままでいてほしい

※故郷の町がずっと変わらないでそのままあり続けてほしいという
　まっすぐな気持ちが良いなと思いました。
※作者の故郷が好きという気持ちが伝わってきました。
※私も故郷がなつかしくなって帰りたくなりました。

作詞　川下ヒロエ

感想・絵

佛教大学社会福祉学部２回生（社会福祉援助技術ゼミ）

岩根彩乃・奥田恵実・勝本真由・木村史奈・阪本智恵・下田弘喜

高橋愛・高屋美沙・竹下嘉美・橋本果奈・福田彩菜・藤本雅和・村松茜

協力者

佛教大学社会福祉学部

小谷麻未（３回生）堀田昌紀（４回生）

絵

吉本トミエ

詩集を読んでくださる方へ

この詩集は川下ヒロエさんが日々のくらしの中で感じた思いをそのまま言葉にのせて詠んでおられます。お預かりした7冊の詩集を本学部の学生が読ませていただき一部を載せています。僭越ですが、それぞれが好みの詩について感想を書かせていただきました。川下さんはお母さんの妊娠初期に広島で被爆した原爆小頭症患者です。長い間一緒に暮らしてこられたお母さんは、２０１４年３月にお亡くなりになりました。お母さんのいない寂しい思いだけでなく、生前の思い出もたくさん詠んでおられ、大好きだったお母さんは川下さんの詩の中で生きておられます。

詩集の中のネコの親子の絵は吉本トミエさんの絵です。吉本さんも広島で被爆した原爆小頭症患者です。

今年は被爆７０年、ニューヨークの国連本部で核不拡散条約（ＮＰＴ）再検討会議が開かれる年です。核兵器廃絶へ向けた歩みを少しでも前進させたいものです。

ノーモア・ヒロシマ　　ノーモア・ナガサキ　　ノーモア・ヒバクシャ

２０１５年３月

佛教大学社会福祉学部　黒岩晴子

謝辞

本書の出版に際しご協力いただいた方々に感謝を申し上げます。被爆者・戦争体験者の中には、故人となった方もおられます。ご遺族の了解をいただき証言を収録させていただきました。また、講演者には講演内容への追記やあらためての書き直しもしていただきました。

なお、原爆展は「平和でつながる〝縁〟原爆展」として佛教大学社会福祉学部の学生支援企画として開催してきたものです。現在も被爆者、学生、教職員の協力・支援のもとに継続しています。ここに深く御礼を申し上げます。

証言・執筆者

証言者
・荒木昭夫
・榎郷子
・小倉桂子
・大坪郁子
・片桐恵司
・川下ヒロエ
・小高美代子
・永原誠
・花垣ルミ
・本多立太郎
・真柳タケ子
・村上初一
・吉本トミエ
・Y・N
・米倉慧司

講演・執筆者
・後藤至功
・謝花直美
・樟 康
・冨森千恵子
・西山祐子
・畑中恵美子
・布川庸子
・山崎文徳

佛教大学学生・卒業生
・石田春菜
・井谷 恵
・浦ひろ子
・片岡未知子
・北村千恵
・末原和弥
・鈴木安寿佳
・N・M
・T・W
・野口さやか
・福井洋子
・星谷暢平
・松木綾香
・目黒寿彦
・宮田友美

編集
黒岩晴子
（佛教大学社会福祉学部）

平和な未来を願うメッセージ ~No War Know War~

2016年8月6日　初版第1刷発行

編　者　黒岩晴子
発行者　坂手崇保
発行所　日本機関紙出版センター
〒553-0006　大阪市福島区吉野 3-2-35
TEL 06-6465-1254　FAX 06-6465-1255
http://kikanshi-book.com/
hon@nike.eonet.ne.jp
本文組版　Third
編集　丸尾忠義
印刷・製本　シナノパブリッシングプレス

ISBN978-4-88900-937-8